# EL DESTRONAMIENTO DE LA VERDAD

DIETRICH VON HILDEBRAND

# EL DESTRONAMIENTO DE LA VERDAD

## DE LA VERDAD

Ensayos sobre la posverdad

EDICIONES RIALP
MADRID

Título original: *The Dethronement of Truth*

© 2021 Publicado con permiso de The Dietrich von Hildebrand Legacy Project
© 2024 de la edición española traducida por Pedro José Grande Sánchez
  *by* EDICIONES RIALP, S.A.
  Manuel Uribe 13-15, 28033, Madrid
  (www.rialp.com)

HILDEBRAND
PROJECT

Acerca del Proyecto Hildebrand

El Proyecto promueve la rica tradición del personalismo cristiano, especialmente tal como lo desarrollaron Dietrich von Hildebrand y Karol Wojtyla (Papa san Juan Pablo II), al servicio de la renovación intelectual y cultural.

Las publicaciones, programas académicos y eventos públicos del Proyecto presentan a los grandes pensadores y testigos personalistas de los siglos XX y XXI. Animados por un elevado sentido del misterio y de la dignidad de la persona humana, desarrollaron un personalismo que arroja nueva luz sobre la libertad y la conciencia, la trascendencia religiosa de la persona, la relación entre el individuo y la comunidad, el amor entre el hombre y la mujer, y el poder vivificante de la belleza. El Proyecto conecta su visión de la persona humana con las grandes tradiciones del pensamiento occidental y cristiano y se basa en su personalismo para abordar las necesidades y aspiraciones más profundas de nuestros contemporáneos.

Para obtener más información, visite: www.hildebrandproject.org.

Preimpresión: www.produccioneditorial.com

ISBN (edición impresa): 978-84-321-6852-9
ISBN (edición digital): 978-84-321-6853-6
ISBN (edición bajo demanda): 978-84-321-6854-3
ISNI: 0000 0001 0725 313X
Depósito legal: M-16963-2024

Impreso en España                                    *Printed in Spain*
Anzos, S. L. - Fuenlabrada (Madrid)

# ÍNDICE

# EL DESTRONAMIENTO
# DE LA VERDAD*

* Este ensayo apareció por primera vez en 1943 en las Actas de la Asociación Filosófica Católica Americana (Vol. XVII) y, más tarde, fue incluido en la colección de ensayos de Hildebrand: *The New Tower of Babel* (Nueva York: Kennedy & Sons, 1953).

Uno de los rasgos más ominosos de la época presente es, sin duda, el destronamiento de la verdad. En tiempos pasados, cualesquiera doctrinas que se hubieran podido profesar, siempre se presentaban con la pretensión de que eran verdaderas. Todas las teorías, por erróneos y absurdos que pudieran ser sus contenidos, apelaban siempre a la cuestión de la verdad como juez último y decisivo. Desde el mismo inicio de nuestra cultura occidental, todos los errores se propagaron en nombre de la verdad. La pregunta de si algo era verdad o no, se tomaba muy en serio, e incluso cuando los motivos reales para adherirse a un error estaban inconscientemente arraigados en la voluntad de la persona errada, se reconocía a la verdad como juez supremo y último de toda teoría.

Por paradójico que pueda parecer, incluso las diversas teorías que negaban la verdad objetiva o la posibilidad de conocerla, como el escepticismo, el relativismo o el agnosticismo, fueron propuestas en nombre de la verdad. Se escribían libros voluminosos para demostrar que la negación de la verdad era irrefutable desde el punto de vista de la verdad. Nadie dudaba en reconocerla como juez último, a pesar de que la tesis propuesta negara la verdad objetiva. Al negar la verdad, el hombre apelaba implícitamente a la verdad.

Más adelante nos ocuparemos de esta flagrante contradicción. De momento es suficiente con afirmar que toda teoría, ideología y filosofía de vida se profesaba bajo el estandarte de la verdad, y que siempre se reconocía y respetaba la seriedad de la pregunta de si algo era o no verdad.

El comunismo y el nazismo tuvieron el dudoso privilegio de destronarla por primera vez mostrando una completa indiferencia hacia la cuestión de si algo era verdad o no, y sustituyendo esta pregunta por medidas subjetivas, como la mentalidad proletaria en el primero y el sentimiento de la raza nórdica en el segundo. La rebelión contra el espíritu encarnado en el nazismo atestigua esta excomunión de la verdad de todos los ámbitos de la vida. La conformidad con el sentimiento de la raza nórdica o del pueblo alemán reemplazó todo estándar objetivo de verdad, bondad, belleza y derecho.

En 1933, el ministro de Educación bávaro, el Sr. Schemm, declaró solemnemente ante los profesores reunidos de la Universidad: «A partir de este día, ya no tendrán que examinar si algo es verdadero o no, sino exclusivamente si corresponde o no a la ideología nazi».

El clímax de esta destitución del papel de la verdad como juez supremo se encuentra en el párrafo 24 del primer programa oficial del partido nazi, en el que se afirma que el cristianismo debe ser aceptado en la medida en que esté de acuerdo con el sentimiento de la raza nórdica. Incluso en lo que respecta a la esfera última sobre la cual depende el destino eterno del hombre, la cuestión de la verdad de sus afirmaciones ha perdido su importancia. En el pasado, los mártires morían para dar testimonio de la verdad del cristianismo. Se derramó mucha sangre en guerras libradas en nombre de la verdad religiosa. Los herejes siempre afirmaron que profesaban la única religión verdadera.

Los ateos de tiempos pasados tomaban muy en serio la pregunta de la verdad de la existencia de Dios, y todos estaban de acuerdo en que solo la verdad tenía que determinar el credo religioso del hombre. Todos sus argumentos contra la existencia de Dios tenían la función de defender la verdad. Cualesquiera que fuesen sus motivos reales, aceptaban la necesidad de apelar a la verdad como juez último y presupuesto indiscutible para cualquier discusión. Hacer que la pregunta de si uno debe aceptar o rechazar una religión dependa de la conformidad con el sentimiento de la raza nórdica, es decir, de un estándar completamente contingente y subjetivo, es una especie de relativismo nunca visto en toda la historia humana.

Lo mismo se aplica al bolchevismo o comunismo. Cada proposición emitida por la propaganda soviética tiene el carácter de un puro eslogan, de un arma propagandística; el significado de las palabras ha sido reemplazado por el efecto emocional que se pretende crear en la mente del público. Por ejemplo, cuando Molotov habla de la «democracia de tipo oriental», es obvio que lo que quiere decir es justo lo contrario de la democracia; o cuando los soviéticos manifiestan indignación por la falta de libertad en la España de Franco, ignoran el hecho de que, en comparación con su falta de libertad, es una *quantité négligeable*.

Sin embargo, el síntoma más drástico del destronamiento de la verdad es la forma en que se aceptan opiniones contradictorias en sumisión al mandato del Politburó. Antes de 1938, la Alemania nazi era caracterizada como un agresor arrogante y criminal; de 1939 a 1941, el Estado fue retratado como atacado injustamente por las naciones plutocráticas viciosas. El hecho de que un Estado cambie su actitud hacia otro, no es desde luego sorprendente; más bien, es un acontecimiento muy corriente en política. Pero es un hecho muy inusual y sorprendente que no se haga ningún esfuerzo por explicar cómo un juicio sobre un sistema y una ideología es sustituido por un juicio opuesto. Que esta transición se produzca sin ningún intento de justificarla, revela una completa indiferencia hacia la cuestión de la verdad y su cínico destronamiento. La verdad ha sido reemplazada definitivamente por la conveniencia.

Al arrogarse el papel de la Providencia, el Estado trata con la verdad como si fuera el resultado de una decisión positiva y autoritaria. El hecho de que lo haga sin pretensión alguna de capacidades divinas, hace que el destronamiento de la verdad sea aún más evidente. La cuestión de la verdad se «devalúa» hasta tal punto que no parece necesaria ninguna explicación para defender la validez de las afirmaciones contradictorias. El hecho de que sean pronunciadas por el Estado es suficiente.

La indiferencia hacia la pregunta por la verdad de una cosa es obviamente uno de los peores síntomas de la perversión y desustancialización de la mente humana. Por supuesto, es imposible eliminar completamente la verdad. Al plantear la pregunta de si una cosa está de acuerdo con la mentalidad proletaria, se está implícitamente sugiriendo que la respuesta a esta pregunta debe ser verdadera o falsa. Sin embargo, nunca se denunciará con suficiente firmeza el peligro de intentar sustituir la verdad por otras medidas, ni la falta de respeto por la dignidad última de la verdad.

El papel de la verdad en la vida humana es tan predominante y decisivo, el interés por la cuestión de la verdad o no de una cosa es tan indispensable en todos los ámbitos de la vida humana, desde los asuntos cotidianos más humildes hasta las esferas espirituales más elevadas, que el destronamiento de la verdad conlleva la descomposición de la vida misma del hombre. El desprecio por la verdad, cuando no es simplemente una tesis teórica, sino una actitud vivida, destruye patentemente toda moralidad, incluso toda racionalidad y toda vida comunitaria. Todas las normas objetivas se disuelven por esta actitud de indiferencia hacia la verdad; también lo es la posibilidad de resolver objetivamente cualquier discusión o controversia; la paz entre individuos o naciones, y toda confianza en otras personas resultan también imposibles. Se subvierte la base misma de una vida verdaderamente humana. Existe un vínculo íntimo entre el destronamiento de la verdad y el terrorismo. Tan pronto como el hombre deja de referirse a la verdad como juez último en todos los ámbitos de la vida, la fuerza bruta, la opresión y la mecánica reemplazan necesariamente al derecho; la influencia sugestiva sustituye a la convicción, y el miedo suplanta a la confianza. De hecho, destronar la verdad significa separar a la persona humana de la base misma de su existencia espiritual; es el ateísmo más radical y práctico y, por lo tanto, está profundamente vinculado con la despersonalización del hombre, con el anti-personalismo que es la característica distintiva del comunismo y de todos los diferentes tipos de totalitarismo. Un abismo separa esta descomposición de la vida y la persona humana de la actitud expresada por las palabras de san Agustín: «¡Oh Verdad, Verdad, cuán íntimamente suspiraba por Ti desde la misma médula de mi alma!»[1].

Aunque el destronamiento de la verdad se manifiesta de la manera más drástica y radical en el nazismo y el bolchevismo, desgraciadamente muchos síntomas de esta enfermedad espiritual también se encuentran en los países democráticos.

En las discusiones escuchamos a veces el siguiente argumento: «¿Por qué debería ser más válida su opinión que la mía? Somos iguales y tenemos los mismos derechos. Es pretender que su opinión es preferible». Esta actitud es extremadamente significativa porque revela la ausencia total de la noción de verdad, la eliminación

---

[1] San Agustín, *Confesiones*, III, c. 6.

tácita de la verdad como norma para el valor de una opinión.

Al ignorar el hecho de que la esencia misma de toda opinión implica una tesis que afirma o niega algún hecho, estas personas tratan las opiniones como si fueran meras actitudes de un sujeto, como un estado de ánimo subjetivo. El tema inmanente de toda opinión es la verdad; lo único que importa aquí es si está o no en conformidad con la realidad. La cuestión de quién profiere una opinión, por el contrario, no tiene como tal ninguna importancia para su validez. Debemos comprender que este argumento no debe interpretarse como si significara: su opinión no tiene más posibilidades que la mía de dar en el blanco con la verdad. Tal argumento no ignoraría la verdad ni la eliminaría tácitamente. Por el contrario, presupondría la existencia de una verdad objetiva, aunque solo fuera negando que nuestro adversario tiene una mayor capacidad para encontrar la verdad. Evidentemente, este argumento solo podría tener sentido si nuestro oponente, al proferir una opinión, reclamara su aceptación porque él la profirió; o, en otras palabras, porque su autoridad debería garantizar la verdad de su opinión.

Sin plantear aquí la cuestión de si tal reclamo puede ser o no justificado, no hay duda de que la igualdad de la capacidad intelectual para captar la verdad no puede inferirse correctamente de la igualdad ontológica de los hombres o de la igualdad de sus derechos.

Sin embargo, este argumento generalmente no suele concebirse como una refutación de la pretensión de un oponente de tener una mayor competencia para encontrar la verdad, sino como un alegato a favor de la igualdad de valor o validez de ambas opiniones. Así pues, simplemente ignora el hecho de que la validez o el valor de una opinión depende exclusivamente de su conformidad con la realidad; es decir, ya no cuestiona si una afirmación es verdadera o falsa. Este argumento trata una opinión como si su valor dependiera exclusivamente de la persona que la emite. Por lo tanto, este tipo moderno de hombre no examina los argumentos del adversario; no se interesa por la corrección de sus conclusiones, por la evidencia de sus premisas, sino que, al apartarse completamente del hecho que la opinión confirma o niega, solo proclama: «Mi opinión es tan buena como la suya porque todos somos iguales». Mientras que en los sistemas totalitarios la verdadera función de una proposición —a saber, la de afirmar la verdad— ha sido reemplazada por el mero carácter instrumental de ser un arma destinada a crear un determinado efecto en la mente y el alma del público, un medio de propaganda; en los países democráticos se tiende a considerar una opinión como la mera expresión de la mente de un individuo. En ambos casos, se ignora y elimina la función esencial de cualquier proposición y opinión que pretendan conformarse con el ser.

El argumento, «mi opinión es tan buena como la suya», no implica la presuposición tácita de que «ambos somos incapaces de encontrar la verdad, o, al menos, no podemos saber si podemos hacerlo, y por tanto nuestras opiniones son incorrectas o dudosas». Más bien, implica que ambas opiniones son igualmente buenas, válidas, aunque se opongan entre sí. Y esto nos lleva a otro eslogan que revela el destronamiento de la verdad. Es el a menudo repetido «es verdad para mí, pero puede que no sea verdad para ti». La verdad de una proposición esencialmente es objetiva; una verdad que como tal solo fuera válida para una persona sería una contradicción en sus términos. Una proposición es verdadera o falsa, pero nunca puede ser verdadera para una persona y falsa para otra. La afirmación de que una determinada acción es moralmente buena, puede ser verdadera o falsa; pero si es verdadera, nunca puede ser falsa para ninguna otra persona. El sufijo «para», que implica una relación con un individuo, está esencialmente excluido en la verdad.

Incluso si el contenido de una proposición se refiere solo a un individuo, es incorrecto decir que solo es «verdadero para él». Si Pablo dice: «Llegué el viernes a la estación de Pennsylvania en Nueva York», la verdad de la proposición no implica ninguna relación con una sola persona, y si es verdadera, lo es para todos. El hecho de que solo Pablo, y no Harry, llegara el viernes a la estación de Penn no reduce de ninguna manera la verdad de la llegada de Pablo a algo válido solo para él. La llegada se aplica solo a Pablo y no a Harry, pero el hecho de que Pablo llegó es una realidad y, por lo tanto, la verdad de la afirmación «Pablo llegó», no es relativa a él. Si un hombre afirmara que «las naranjas son perjudiciales para la salud» porque es alérgico a ellas, su tesis sería falsa y no «verdadera para él». Por el contrario, «las naranjas son perjudiciales para mí» sería una afirmación verdadera: no solo verdadera para él, sino verdadera en sí misma.

En resumen, podemos decir: Una proposición, una opinión, una tesis, nunca puede ser verdadera para una persona; si es conforme a la realidad, es verdadera como tal, y excluye cualquier «para».

Cuando se trata de una relación con una persona, el «para» tiene que estar en el contenido de la proposición, como parte de la realidad afirmada, como, por ejemplo, «las naranjas son perjudiciales para Pablo», o «este trabajo es demasiado para Pedro». Si, por el contrario, alguien omitiera mencionar la relación consigo mismo, o con cualquier otra persona, en el contexto del estado de hechos afirmados, y dijera: «Las naranjas son perjudiciales», solo porque es alérgico a ellas, su afirmación sería definitivamente falsa y de ningún modo verdadera «para él».

Ciertamente, una persona puede decir: «Me parece que es verdadero». Pero al decirlo, no se refiere en modo alguno a una verdad que sea válida solo para él. Al decir, «me parece que es verdadero», quiere afirmar o bien que según su convicción es verdad, o bien que su verdad aún no está comprobada. Cuando el énfasis se coloca en el «parece» y no en el «para mí», se impone una restricción a nuestra afirmación. En lugar de decir que es así, decimos que solo parece serlo. El «parece» implica necesariamente una relación con alguien, es decir, con la mente de una persona. Pero obviamente, la restricción de mi conocimiento o convicción con respecto a la verdad de una proposición que expresa el «me parece», no implica que sea «verdad para mí». El hecho de que no sea absolutamente seguro si algo es o no verdadero, no afecta en modo alguno al carácter de la verdad como tal. Si es verdadero, no solo es verdadero para mí, sino verdadero en sí mismo. Sin embargo, por el momento solo puedo decir: «Me parece que es verdadero», lo que es equivalente a decir que «probablemente sea verdadero».

Si el énfasis se coloca en el «para mí», si, por ejemplo, alguien se opone a la opinión de otro diciendo: «Para mí, esto no parece ser verdad», se presupone igualmente la noción de verdad en su integridad. Esta afirmación es equivalente a la proposición: «Creo que esto es verdad». Por supuesto, el sujeto está necesariamente implicado, tan pronto como está en juego la consideración de si una cosa es verdadera o falsa. Siempre es una persona quien considera una cosa como verdadera o falsa. Sin embargo, la verdad atribuida a una afirmación por una persona, pero no por otra, nunca es una verdad para alguien. La relatividad implícita en la afirmación «me parece que es verdad», no es en realidad nada más que la expresión del hecho de que considero algo verdadero o falso. Ciertamente, lo considero verdadero o falso, pero por la verdad o falsedad que atribuyo a una cosa, me refiero a una verdad o falsedad en sí misma. Si una proposición no se corresponde con la realidad, es falsa, independientemente de si es sostenida por una persona o por muchas. Así, podemos ver claramente entonces que la afirmación «me parece que es verdad» difiere esencialmente de la afirmación «esto es verdad para mí». La primera es una expresión correcta de una convicción sobre la verdad de una proposición; la segunda es un sinsentido *contradictio in adjectu*. La primera no destrona o desustancializa en modo alguno la verdad; la segunda es un síntoma típico de deterioro de la noción de verdad, una indiferencia total hacia la cuestión de si algo es o no verdad.

Por ello, el eslogan «esto es verdad para mí» revela un desinterés radical por la cuestión de la verdad, una completa falta de comprensión de la naturaleza de la verdad, un destronamiento de la verdad como juez de cualquier tesis, opinión o teoría.

Todavía hay otros síntomas del destronamiento de la verdad. A veces parece que, para muchas personas, la noción de progreso asume una función un tanto análoga a la de la raza nórdica en el nazismo y a la de la mentalidad proletaria en el comunismo.

Para estas personas, las dos alternativas, progresista y reaccionaria, han reemplazado a las alternativas de bueno y malo. El interés por el carácter progresivo de una cosa ha absorbido el interés por la cuestión de su verdad. El significado del término «progresista» es casi tan vago, vacío y accidental como el significado del «sentimiento de la raza nórdica» o de la «mentalidad proletaria».

El hecho de que algo corresponda a la mentalidad de nuestra época no es más decisivo para su verdad o valor que el hecho de que corresponda a la mentalidad de épocas anteriores. Ciertamente, el concepto de progreso a veces *implica* la noción de mejora, como cuando hablamos de progreso moral o de progreso en el conocimiento, recuperación de la salud, y así sucesivamente. Pero también hablamos del progreso de una enfermedad, de una descomposición, o de una enemistad. El progreso como tal solo significa una etapa más desarrollada de una evolución, una intensificación, sin indicar si es un bien o un mal lo que se está desarrollando.

Hacer del progresismo la fuente de una conciencia de superioridad y la medida última para la aceptación o el rechazo de una cosa, es entonces un síntoma adicional del destronamiento de la verdad. Hacer un fetiche de nadar con la corriente de la época presente, de estar al día, está ligado a un subjetivismo que reemplaza la conformidad de una teoría, una tesis o una proposición con la realidad, por una conformidad con el «espíritu» de una época determinada. La «objetividad» que posee una teoría porque le llega a la persona desde afuera como una realidad interpersonal, en lugar de ser solo su opinión o de originarse en su mente, se confunde con la verdadera objetividad resultante de la conformidad con el ser.

La realidad histórica que poseen las ideas que se encuentran «en el ambiente» sustituyen a la auténtica realidad metafísica de una cosa, así como a la validez y verdad objetivas de estas ideas. La embriaguez experimentada al nadar con la corriente de una época determinada, al ser respaldado por la opinión pública, al participar en una evolución nueva e inédita, ha reemplazado al sobrio y noble interés por la verdad, al respeto por la verdad como juez último de toda teoría, de toda opinión y tesis.

Finalmente, un síntoma característico del destronamiento de la verdad es el razonamiento con el que a menudo se refutan las ideologías viciosas y las teorías vacías. En lugar de demostrar la falsedad del materialismo, el racismo o el colectivismo, ciertas personas a menudo ofrecen el siguiente argumento como el más concluyente: «Estas ideologías no se ajustan a la tradición de nuestro país». En la prensa suiza puede encontrarse: «El nazismo y el comunismo no están en conformidad con la tradición suiza». En Francia, «es contrario al genio de

Francia»; en Estados Unidos, «es incompatible con el estilo de vida americano». ¿No es alarmante que incluso cuando nos enfrentamos a estas visiones del infierno, estas falsas ideologías, podamos rastrear el destronamiento de la verdad en la misma boca de los defensores de la dignidad de la persona y de la libertad? Aquí se delata una profunda inseguridad intelectual: un sentimiento de estar más protegido y de pisar un terreno más firme cuando se apela a un factor completamente contingente como un «modo de vida» nacional, que cuando se apela a la verdad y a los valores objetivos.

Ciertamente, no es su incompatibilidad con una tradición nacional lo que hace que estos sistemas de gobierno y su filosofía sean detestables para muchas personas que argumentan de esta manera. Su horror puede ser una respuesta sólida al disvalor objetivo de estos sistemas y a la falsedad de su filosofía. Lo que resulta tan espantoso es el hecho de que tan pronto como quieren pronunciar el argumento más decisivo y contundente, el más «objetivo», recurren a una apelación que, como tal, no prueba en absoluto el valor o disvalor de un sistema político, ni la verdad o falsedad de su filosofía. El destronamiento de la verdad aquí asume menos el carácter de falta de respeto por la verdad, de una ignorancia radical de la cuestión de la verdad, que el carácter de una desconfianza hacia la pregunta de la verdad, de una eliminación de esta cuestión. Cualquier recurso a la verdad es tratado como ineficaz. Por un lado, debido a una inseguridad intelectual básica, los hombres ya no se atreven a apelar a la verdad; por otro lado, creen que el uso de una medida completamente subjetiva es un arma más poderosa y concluyente, un arma más sólida contra estos errores.

Si estos argumentos se pronunciaran con respecto a cosas que tuvieran el carácter de una mera expresión de la individualidad nacional, como ciertas costumbres o hábitos culturales, podrían ser correctos y ciertamente no serían alarmantes. En cuanto a las diferencias entre formas de gobierno como, por ejemplo, entre monarquía y república (que según la doctrina de la Santa Iglesia son igualmente buenas), tal argumento sería absolutamente correcto. La monarquía, correspondiendo como lo hace a la tradición y estilo de vida de Inglaterra, es la forma correcta de gobierno para el pueblo inglés; mientras que la monarquía, no estaría de acuerdo con las tradiciones y estilo de vida de Suiza o Estados Unidos y, por tanto, estaría fuera de lugar allí. Pero tan pronto como están en juego diferencias que implican cuestiones o ideologías, tal razonamiento manifiesta claramente el destronamiento de la verdad.

Ante estos síntomas alarmantes, surge la pregunta: ¿Cuáles son los factores que han llevado a esta enfermedad espiritual? ¿Cuáles son sus causas?

Las causas más evidentes del destronamiento de la verdad son las diversas formas de relativismo, que van desde el subjetivismo moderado hasta el escepticismo absoluto, las cuales, con un ritmo creciente, se han convertido en la filosofía «oficial» que se enseña y profesa en las universidades seculares. Hoy en día parece como si solo hubiera un punto en el que las diversas teorías filosóficas no católicas estuvieran de acuerdo, y ese es el de la negación de la posibilidad de alcanzar la verdad objetiva. Sin duda, todavía existe un abismo entre esta negación teórica de la verdad objetiva y la indiferencia realmente lograda y vivida hacia ella. De hecho, en su contacto directo con el ser, el hombre está protegido durante cierto tiempo de aceptar los múltiples disparates que pueda profesar en sus análisis teóricos.

En general, podemos observar que la voz del ser es tan convincente que, en el contacto inmediato y vivido con él, el hombre olvida las diferentes construcciones erróneas que crea al reflexionar teóricamente sobre él. Afortunadamente, el hombre no es tan consistente como para que su acercamiento directo hacia el ser se vea inmediatamente afectado por sus teorías. Los datos convincentes y evidentes, y no sus teorías absurdas, siguen siendo la base de sus respuestas. Por ejemplo, cuando Nietzsche vio una invernal carretera helada, lloró por compasión hacia los pobres niños que podrían caer en ella, a pesar del hecho de que en su declaración teórica afirmó que la compasión no era más que un síntoma de debilidad lamentable y de decadencia de la vitalidad. Sin embargo, experimentó su respuesta inmediata no como una debilidad lamentable, sino como algo objetivamente justificado. En su lucha contra el capitalismo, los marxistas apelaron a la justicia y a los derechos de los hombres, aunque teóricamente profesaban un materialismo que no dejaba lugar ni para los valores éticos, ni para los derechos de los hombres. Porque, evidentemente, un ser que no es una persona, sino simplemente una forma de materia más desarrollada y elevada, no puede tener derechos en absoluto.

Además, en la vida, el enfoque directo hacia el ser permanece protegido durante cierto tiempo de las perversiones de la esfera intelectual. Vemos, por ejemplo, que desde el Renacimiento hasta principios del siglo XIX, el arte y la cultura aún estaban arraigados en la herencia cristiana, a pesar de la secularización espiritual progresiva en la esfera teórica que tuvo lugar durante esta época. Pero esta «protección», que se debía a una inconsistencia afortunada, no dura indefinidamente. Siempre que el hombre se pierde en errores, Dios le concede cierto período de respiro. Mientras consumía la herencia paterna, el hijo pródigo podía vivir de ella durante cierto tiempo. Pero, al final, la herencia se agota. De manera análoga, después de un período, los errores en la esfera teórica comienzan a afectar a la aproximación inmediata del hombre al ser y corroerán y terminarán pervirtiendo sus actitudes espontáneas.

Esto es lo que realmente sucede con respecto a la verdad. La propagación centenaria del relativismo y subjetivismo, aunque implican de manera inconsistente un respeto tácito por la verdad, finalmente afectó al enfoque directo hacia el ser y creó la actitud de indiferencia y falta de respeto por la verdad en la vida misma. A la larga, el hombre no permanece incoherente: lo que se profesa en la teoría se convierte necesariamente en un factor informativo de la actitud vivida del hombre en un momento dado. Por lo tanto, la responsabilidad de todos los subjetivistas y relativistas por el destronamiento de la verdad debe ser plenamente reconocida, aunque, debido a su inconsistencia, apelaran a la verdad en la práctica.

Sin embargo, no es exclusivamente el relativismo temático, es decir, el ataque a la verdad objetiva, lo que está en la base del destronamiento de la verdad. En el gigantesco sistema de Kant encontramos una inversión completa del proceso y la naturaleza del conocimiento. Según Kant, el conocimiento ya no se entiende como una aprehensión de un ser tal como es objetivamente —una posesión espiritual del mismo, o una participación intencional en el ser—, sino como un proceso de construcción del objeto de nuestro conocimiento. De hecho, en esta deformación de la noción de conocimiento —una deformación equivalente a una negación de la naturaleza misma del conocimiento— Kant es tan incoherente como cualquier escéptico o relativista que está destinado a serlo. Mientras afirma que en realidad el conocimiento consiste en la construcción de un objeto, claramente no dice que nos ofrece una construcción del conocimiento, sino que ha descubierto la naturaleza real y auténtica del conocimiento. Su conocimiento de la naturaleza del conocimiento se presenta como conocimiento en el sentido clásico de ese término. Evidentemente, Kant está condenando la verdad o el conocimiento a la inconsistencia, al igual que cualquier escéptico, porque al intentar negar datos últimos como el ser, necesariamente los presupone en el mismo aliento.

Sin embargo, habiendo desterrado el conocimiento de cualquier realidad objetiva y metafísica, Kant introdujo la peligrosa noción del *postulado* y reemplazó así la verdad con la indispensabilidad. Ciertos hechos metafísicos fundamentales ahora ya no se aceptaban debido a su verdad, es decir, a su realidad, sino simplemente por su carácter indispensable para la ética. El giro en la dirección del postulado, o la sustitución de una presuposición indispensable para la verdad, se manifestó ya en la *Crítica de la razón pura*. El gran objetivo de la construcción de Kant era salvar las matemáticas y la ciencia del escepticismo de Hume, o, como puede decirse, demostrar la posibilidad de los juicios sintéticos *a priori* en las matemáticas y las ciencias. Por lo tanto, toda su forma de proceder tiene de alguna manera un carácter apologético. En lugar de la pura sed de verdad y el genuino «asombro» de Platón y Aristóteles, en lugar de la exploración no distorsionada del ser como tal, los hechos metafísicos y epistemológicos más fundamentales se abordan desde el punto de vista de la defensa de un objeto relativamente contingente y secundario como la ciencia. Mientras que Platón descubrió en el *Menón* la existencia de una verdad objetiva, absoluta e independiente de la experiencia, en el sentido de la observación e inducción[2], Kant

---

[2] Cf. Dietrich von Hildebrand, *Der Sinn Philosophischen Fragens und Erkennens* (Bonn: Peter Hanstein, 1950). Aunque el libro fue escrito en los años 30, durante la estancia del autor en Florencia mientras huía de la persecución nazi, no se publicó hasta 1950 en la ciudad de Bonn. Diez años más tarde, apareció la versión en inglés bajo el título: *What is Philosophy?* Existe traducción al español realizada por Araceli Herrera, *¿Qué es filosofía?* (Madrid: Ediciones Encuentro, 2000) [*N. del T.*].

estaba preocupado por la hipótesis destinada a salvar la posibilidad de juicios sintéticos *a priori*, y terminó sacrificando la noción de la verdad objetiva en el altar de la ciencia. Sacrificó la verdad objetiva en aras del juicio *a priori*. Por muy grande y profunda que sea la deducción trascendental como método, como análisis de la experiencia concreta profundizando siempre en todas sus presuposiciones metafísicas, es el típico caso del cirujano que declara que se llevó a cabo una operación con mucho éxito, pero que desgraciadamente el paciente murió. Es obvio que si abandonamos tanto la noción de conocimiento como una captación del ser tal como es objetivamente, y la noción de verdad que no es meramente relativa a la mente humana, la posibilidad de juicios sintéticos *a priori* deja de tener importancia.

La libertad de la voluntad, la inmortalidad del alma e incluso la existencia de Dios ya no debían demostrarse como hechos reales, ni tampoco profesarse como verdades, sino que ahora se asumían meramente porque no se podía prescindir de ellas. La sustitución de la indispensabilidad práctica por la verdad es una perversión de consecuencias funestas. Los hechos más importantes de los que depende todo lo demás, ya no se abordan desde el punto de vista de la verdad, sino meramente desde el punto de vista de su indispensabilidad para la ética. Aquí la cuestión de la verdad queda incluso expresamente suspendida. En este punto, nos encontramos con una inversión completa de la verdadera jerarquía del ser. Lo que es verdadero ya no es la base de nuestras actitudes porque sea verdad; en su lugar, aceptamos un hecho arbitrariamente como si fuera verdadero, porque lo necesitamos como base para nuestra vida moral.

Aquí deben hacerse algunas distinciones importantes. La noción del postulado no debe confundirse con las presuposiciones necesarias que tenemos derecho a inferir a partir de ciertos datos reales. Es en nombre de la verdad objetiva que inferimos, por ejemplo, la existencia de una *causa primera*, a partir de la existencia de seres contingentes. La existencia de un ser contingente garantiza nuestro conocimiento de la existencia de un ser absoluto. Esta conclusión es absolutamente correcta. Está arraigada en un interés genuino por la realidad, y se basa en un procedimiento válido y clásico que conduce a la obtención del conocimiento.

El postulado, por el contrario, no pretende ser accesible mediante el proceso de inferir una causa a partir de sus efectos. Más bien, debe presumirse para salvaguardar algo que por razones prácticas (en el sentido más amplio del término) no podemos permitirnos sacrificar. El postulado muestra la misma elevada abstracción que el imperativo categórico; aunque la comprensión de Kant sobre el carácter categórico de la obligación moral es tan importante y fundamental, resulta igualmente insatisfactorio que ignore el valor del que emana este imperativo categórico. Priva al imperativo categórico de su base ontológica e incluso ve en esta privación la condición de su validez objetiva. No hay razón que garantice la existencia de un postulado. Por el contrario, implica la eliminación de la pregunta por la verdad y su reemplazo por la indispensabilidad práctica. Sin preguntar si algo es así o no en la realidad, simplemente tenemos que aceptarlo por su papel indispensable en nuestra vida.

El postulado también debe distinguirse de la hipótesis. La hipótesis, aunque sea una construcción ofrecida como una posible explicación de un fenómeno y no el resultado necesario de una inferencia, sigue siendo un intento en la dirección de encontrar una verdad, y con la demostración de su plausibilidad se coloca definitivamente bajo el amparo de la verdad. Apela a nuestra razón «crítica» y no a nuestra razón «práctica».

En tercer lugar, debemos distinguir entre la indispensabilidad del postulado y el carácter clásico de una verdad que se manifiesta por su congenialidad fundamental con la totalidad del cosmos. Hemos mencionado anteriormente que el hombre, en su contacto directo con el ser, a menudo contradice sus propias teorías. Pero no estamos pensando en el hecho de que en nuestra debilidad a menudo no actuamos de conformidad con los principios que nuestra razón acepta como verdaderos. Nos referimos a que, al enfrentarse con el ser en un contacto inmediato y vivido, la realidad desmiente muchas teorías absurdas que son el resultado de construcciones abstractas y que se obtienen deduciéndolas mediante silogismos dudosos, a partir de premisas vagas, en lugar de escuchar a la realidad. Alguien, por ejemplo, puede negar teóricamente la existencia del bien y del mal moral objetivos, pero tan pronto como se enfrenta con una acción moral noble o una actitud mezquina y perversa, olvidando su teoría artificial, captará la realidad elemental de los valores morales objetivos.

Esta corrección de teorías abstractas y artificiales por la voz no distorsionada de la realidad, la voz de la realidad que no ha sido silenciada por los prejuicios, tiene lugar en el marco del conocimiento y apela a la verdad en lugar de a la indispensabilidad práctica. Así pues, no estamos simplemente *postulando* la realidad objetiva de los valores morales cuando, al argumentar contra el relativista moral, esgrimimos como argumento el hecho de que admite valores morales objetivos en su vida, al menos en su respuesta de indignación o admiración. De ninguna manera suspendemos la cuestión de la verdad al argumentar así. No nos basamos en la mera afirmación: «Tiene usted que abandonar su teoría porque no funciona. Debe, en cualquier caso, suponer valores morales objetivos, o no llegará lejos». No, afirmamos, por el contrario que, en el contacto ingenuo e inmediato con el ser, el relativista percibe intuitivamente la realidad de aquello que intenta negar en el plano teórico. Sostenemos que su teoría es el resultado no de una verdadera percepción, sino de la combinación artificial de prejuicios, presuposiciones tácitas no demostradas, y pseudoargumentos sofísticos; y que incluso está dictada por muchos motivos que son ajenos al ámbito de la razón, siendo una intrusión del orgullo y la concupiscencia. Por el contrario, la convicción que informa su contacto inmediato con el ser es el resultado de una percepción real; es el resultado del poder convincente de la realidad, que se revela independientemente de todos los prejuicios, y aunque el conocimiento en cuestión no es crítico y sistemático, da pruebas de la existencia objetiva de los valores morales, y es un conocimiento genuino y válido.

Existen diversas formas en las que una realidad metafísica puede revelarse a nuestra mente, y sería ridículo afirmar que solo la forma que se puede deducir *more geometrico* se dirige a nuestro intelecto. La esfera de nuestra inteligencia llega más lejos que la de la deducción matemática. Apelar a una experiencia de una cosa dada inmediatamente[3], sin poder demostrarla con argumentos, no significa suspender la pregunta

[3] Cf. Dietrich von Hildebrand, *Ética*, trad. Juan José García Norro (Madrid: Ediciones Encuentro, 1997), 13-30.

de la verdad y sustituirla por otra cosa. Esta cuestión supera con creces el alcance incluso de lo que puede ser captado por la inteligencia humana. Veremos más adelante que un racionalismo falso y fosilizado tiene su parte de responsabilidad en el destronamiento de la verdad, aunque de manera más indirecta. Pero el postulado implica definitivamente la suspensión de la pregunta de la verdad y su desplazamiento por la indispensabilidad práctica. Al refugiarnos en la noción del postulado, aceptamos una verdad metafísica no porque se manifieste en su verdad intrínseca y su carácter clásico, sino porque nos comportamos solo *como si* fuera así, porque *no podemos arreglárnoslas sin ella.*

La línea que va desde el postulado hasta la «filosofía del como si» de Vaihinger y al pragmatismo es obvia. Y no es difícil ver que la actitud misma de estas teorías, al ganar cada vez más adeptos, han contribuido en gran medida al destronamiento de la verdad.

Una tercera causa de este destronamiento es el historicismo. El relativismo que resulta de ver cada filosofía y teoría como un mero fenómeno histórico, elimina tácitamente la verdad como una norma y fija nuestra atención en el significado de una idea como expresión de una determinada época. Esta actitud está brillantemente descrita por C. S. Lewis:

> El punto de vista histórico significa, en pocas palabras, que cuando a un erudito se le presenta una afirmación de un autor antiguo, la única cuestión que nunca se plantea es si es verdad. Se pregunta quién influyó en el antiguo escritor, y hasta qué punto su afirmación es consistente con lo que dijo en otros libros, y qué etapa de la evolución del escritor, o de la historia general del pensamiento, ilustra, y cómo afectó a escritores posteriores, y con qué frecuencia ha sido mal interpretado (en especial por los propios colegas del erudito), y cuál ha sido la marcha general de su crítica durante los últimos diez años, y cuál es el «estado actual de la cuestión». Considerar al escritor antiguo como una posible fuente de conocimiento —presumir que lo que dijo podría tal vez modificar los pensamientos o el comportamiento de uno— sería rechazado como algo indeciblemente ingenuo[4].

[4] C. S. Lewis, *Cartas del diablo a su sobrino* (Madrid: Ediciones Rialp), 123-124.

El veneno del historicismo es específicamente peligroso por dos razones. Primero, el historicismo es una perversión de verdades valiosas e importantes. Segundo, no se ocupa directamente de la negación de la verdad objetiva, pero al centrarse exclusivamente en el aspecto histórico, elimina tácitamente la cuestión de la verdad. Al afirmar que el historicismo es una perversión o un abuso de conocimientos valiosos, pensamos en el hecho innegablemente cierto de que en la exploración de verdades filosóficas existe un ritmo histórico. Para una comprensión filosófica completa de hechos fundamentales, se requiere un determinado momento histórico, su hora en la historia. Además, se necesita que una evolución de ideas haya preparado esta posibilidad, y así sucesivamente. No es por casualidad que el descubrimiento de Aristóteles de las cuatro causas fuera precedido por los presocráticos, por Sócrates y por Platón. La teoría de Hegel sobre un desarrollo del *logos* objetivo en la historia ha dado, sin lugar a dudas, con algo verdadero, por cuestionable que sea toda su concepción entera. Pero por interesante e importante que pueda ser el aspecto histórico de una teoría filosófica, es secundario en comparación con la pregunta de si la percepción es verdadera o no, si la teoría es conforme al ser o no, y en qué medida lo es.

El historicismo no se contenta con examinar el papel del ritmo de la historia en la exploración de la verdad, ni con las limitaciones debidas a ciertas situaciones intelectuales históricas, sino que reduce toda la significación de una concepción religiosa, metafísica o ética a su función histórica. Cuando, por ejemplo, escuchamos elogios hacia san Agustín, o hacia san Anselmo, esperamos encontrar alguna concordancia entre la posición del autor y uno de estos santos; pero lo esperamos en vano. Por entusiasta y aparentemente simpática que sea la apreciación de estos filósofos, se evita cualquier posición hacia la verdad o falsedad de sus ideas. Solo encontramos cómo fueron grandes para su época o cómo expresaron bien su tiempo. La inteligencia y la estatura espiritual se han convertido aquí en la norma decisiva, y no ya la verdad o falsedad de sus percepciones. El escepticismo y el positivismo, que niegan la verdad objetiva, están comparativamente más preocupados por la verdad. Pese a la rebeldía y enemistad contra la verdad objetiva, al menos, consideran la cuestión de la verdad más seriamente que el historicismo. El historicismo trata la pregunta de si una teoría es verdadera o no como si careciera de interés, o incluso como si se tratara de un enfoque ingenuo y rudimentario hacia una opinión, un sistema filosófico o una ideología.

Su enfoque de la religión es específicamente típico del historicismo. Mientras que los ateos aún siguen tomándose en serio la cuestión de la existencia de Dios, el historicista parece ni siquiera comprender la pretensión inmanente de la religión, más bien la contempla meramente como un fenómeno cultural e histórico interesante. Trata a las diferentes religiones con igual simpatía y expone sus doctrinas con aparente respeto y comprensión benevolente. Las ve aparentemente no «desde fuera» sino desde dentro, pero este «desde dentro» significa un inmanentismo que ha eliminado tácitamente para siempre la gran pregunta decisiva de si esta religión es verdadera o no. En realidad, este enfoque aparentemente comprensivo es el clímax último de una visión distorsionada desde fuera, porque priva a la religión de su significado más íntimo, que es la verdad, la verdad absoluta revelada divinamente, que el Credo afirma y por la cual los mártires han derramado su sangre. Al separar la fe de la verdad, su correlato objetivo, y al hacer de ella una expresión interesante de la mente humana, el historicismo desustancializa la religión en mayor medida que el hombre que negó a Dios el nombre de la verdad objetiva.

Un fruto típico del historicismo es la posición hacia la Santa Iglesia tomada en la *Action Français*, y especialmente en los escritos de Charles Maurras. Maurras elogia a la Iglesia por su función cultural y política, el valor que encarna en la historia, y sobre todo por su «latinidad». Elogia a la Iglesia porque es tan maravillosamente pagana. ¿No es este juicio favorable sobre la Iglesia una ofensa y un malentendido mayores que el ataque furibundo por parte de los protestantes, que le reprochan no ser lo suficientemente fiel a Cristo? Por más irreflexivo y sorprendente que sea, el reproche protestante se toma más en serio que Charles Maurras la pretensión de la Iglesia de enseñar la verdad divina y las palabras de Cristo.

Por último, el predominio de un enfoque psicológico y la marcha triunfante del psicoanálisis también tuvieron su parte en preparar el destronamiento de la verdad. El interés por las razones psicológicas —por qué una persona emite una opinión, afirma una tesis, mantiene una posición ante una teoría— ha sustituido cada vez más al interés por la cuestión de la verdad de esta opinión, tesis o teoría. Por justificado que pueda ser este enfoque en muchos casos, indispensable como es examinar esta pregunta para juzgar a una persona y decidir cómo tratar con ella, tan pronto como suplanta la pregunta de la verdad de la opinión, se produce una perversión desastrosa.

Cuando al escuchar una teoría sobre problemas metafísicos uno se pregunta solo qué motivos psicológicos pueden estar detrás de ella, en lugar de examinar si esta teoría se ajusta o no la realidad, su enfoque está pervertido en muchos aspectos; debería interesarse principalmente por la *verdad* de esta teoría. Un enfoque sólido se preocupa ante todo por el contenido de una tesis, por su pretensión de ser verdadera. Debe haber alguna razón especial para justificar apartarse del objeto y enfocarse en el alma de la persona que enuncia una teoría. Una razón puede ser que seamos psicólogos profesionales. Pero incluso en este caso, la pregunta de si una opinión es falsa o verdadera tiene una importancia eminente para nuestro análisis psicológico. Si la teoría es verdadera, no se requieren motivos psicológicos especiales para explicar necesariamente por qué una persona profesa esta teoría. Al contrario, la motivación normal del hombre para sostener una opinión es la fuerza irresistible de la realidad que capta su intelecto. Sería ciertamente una mala psicología eliminar desde el principio la posibilidad de que la motivación de una persona para sostener una tesis, sea simplemente el hecho de que la realidad le ha revelado que es así. Mientras se trate de una teoría verdadera, o en la medida en que sea verdadera, normalmente no hay otra motivación en juego que la verdad, y todo lo que tenemos que analizar en la mente de la persona que sostiene la teoría es la naturaleza de su conocimiento, convicción y juicio. Este análisis, sin embargo, concierne solo a la explicación de cómo una persona puede adquirir conocimiento y objetivarlo en una tesis; pero la razón para sostener una opinión sigue siendo la verdad de esta teoría o la existencia de este hecho. En los errores podemos buscar razones «psicológicas», pero mientras se trate de una afirmación verdadera, no tenemos por qué buscar motivos subjetivos.

Por tanto, debemos afirmar que incluso un psicólogo debe indagar si una teoría, una afirmación o un juicio son verdaderos o no, antes de poder examinar la condición psicológica de quien los emite, porque la pregunta por su verdad tiene una importancia primordial incluso para decidir si se trata o no de un problema psicológico.

Por supuesto, también puede haber casos extraordinarios en los que tengamos que buscar razones psicológicas, aunque el juicio o la tesis sean verdaderos. Una persona puede estar histérica o tan ensimismada en su egocentrismo que esté completamente desconectada de todo contacto genuino con el ser y el mundo que la rodea. En este caso, aunque afirme la verdad, no creemos que sea el resultado genuino de los dictados del ser; aunque el contenido de su juicio sea verdadero, dudamos que exista un interés real por la verdad en la base de su juicio. Por otro lado, puede ser deshonesto, y entonces desconfiamos de él hasta tal punto que ya no importa lo *que* dice, sino exclusivamente *por qué* lo dice. En tal caso, suponemos que la declaración de esta persona no es más que un medio para alcanzar un fin práctico. Este enfoque psicológico es el único razonable cuando tenemos que tratar con personas que han destronado completamente la verdad, como, por ejemplo, Hitler o Stalin. Pero el hecho es que, al tratar con una opinión o una afirmación, en caso de perversión moral o anormalidad mental, lo único que se puede hacer es recurrir a una investigación psicológica que revele claramente que tal enfoque es inadecuado en condiciones normales. Los factores responsables de una enfermedad y que explican sus orígenes no pueden estar presentes en la persona sana. Si la afirmación es falsa, puede ser necesario examinar si las razones psicológicas responden al error, pero, como se mencionó anteriormente, primero debemos asegurarnos de si es verdadero o falso. Además, la explicación psicológica del error no nos exime de una refutación racional del mismo. Para ayudar a la persona que, por razones morales, se aferra a una teoría incorrecta o incluso simplemente actúa como si lo hiciera, nosotros, por nuestra parte, debemos partir del firme fundamento de la verdad objetiva. Solo si nosotros mismos partimos de la base de lo que es objetivamente verdadero, podremos ayudar a otras personas a superar los obstáculos morales y psicológicos que les impiden acceder a la verdad.

Sobre todo, debemos darnos cuenta de que la verdadera naturaleza y validez de los actos superiores de la persona, solo pueden ser comprendidos al incluir su objeto en nuestro análisis. Es propio de la naturaleza misma de la convicción estar convencido de que algo es así; de la naturaleza de la alegría, alegrarse por algo. Mientras ignoremos el objeto al que responde la convicción o la alegría, su naturaleza y su valor, es imposible una evaluación del acto.

Es un error básico considerar los actos personales como si pudieran ser entendidos independientemente de su carácter intencional. Un error básico consiste en acercarse a este ámbito como si estuviera compuesto de meros estados y fuera accesible a un análisis inmanente y causal, socavando el interés por la verdad de una opinión o juicio y sustituyendo la pregunta: «¿Qué está afirmando?», por la pregunta: «¿Por qué lo afirma?».

Aquí cabe preguntarse con razón: si el relativismo, el pragmatismo, el historicismo y el psicologismo han provocado el destronamiento de la verdad, ¿cuál es la causa de todos estos diferentes «ismos» y, sobre todo, del hecho de que no se quedaran en el ámbito teórico, sino que infectaran y corroyeran el enfoque ingenuo y vivido del ser?

El actual sistema educativo tiene su responsabilidad en la corrosión del enfoque *naïve* de las masas al ser. En nuestra época, y especialmente en los Estados Unidos, está muy extendido el ideal de que todo el mundo debe ser instruido, que todo el mundo debería recibir una educación intelectual. La convicción de que todo se puede aprender si se enseña adecuadamente, de que se privaría injustamente a una persona si no recibiera su parte del tesoro moderno del conocimiento, está en la base de este ideal. Sin discutir la verdad de estos dos presupuestos, podemos ver fácilmente que la nueva situación con respecto a la instrucción de las masas abre la puerta a la difusión de pseudofilosofías entre el público. A través del nuevo ideal educativo, la decocción de todos estos «ismos» destructivos se vierte en las mentes de los jóvenes y es respetuosamente aceptada por ellos. Además, consideremos el constante «masaje» de nuestras mentes a través de películas, periódicos, revistas y radio, y comprenderemos por qué el destronamiento de la verdad hoy en día ya no es solo un asunto de ciertos profesores, sino que ha logrado infectar con éxito el enfoque inmediato hacia el ser del hombre promedio[5].

No obstante, es cierto que debemos profundizar aún más para alcanzar las raíces últimas del destronamiento de la verdad. De hecho, no pretendemos ser capaces de desvelar el origen de una perversión de la mente como ésta, porque en última instancia es tan misterioso como el origen del mal mismo. Pero el único elemento detrás de esas negaciones o eliminaciones teóricas de la verdad, así como detrás de toda la actitud que se manifiesta en estas teorías, es accesible a nuestro análisis. Es la apostasía de Dios, la rebelión del hombre contra el Padre de toda verdad, el rechazo de aceptar la condición de criatura y la gloriosa vocación de ser imagen de Dios. Al intentar sacudirnos la *religio* —es decir, el fundamento de la dependencia de Dios, la obligación hacia Dios en la que estamos inmersos, la ordenación hacia Dios— necesariamente nos convertimos en víctimas de la falsedad y corroemos nuestra

---

[5] Cf. *The New Tower of Babel*, 14 ss.

relación básica con la verdad. La actitud de *non serviam* (no serviré), el deseo de seguir la tentación de *eritis sicut dii* (seréis como dioses), la rebelión contra Dios, es la raíz última del destronamiento de la verdad.

El problema de mostrar cómo superar el destronamiento de la verdad es mucho más difícil que el de rastrear sus fuentes. Nos limitaremos en nuestro análisis a investigar cómo debemos luchar contra él.

En primer lugar, se debe enfatizar una y otra vez la refutación clásica de todas las formas de escepticismo y relativismo. En lo que respecta a la influencia del relativismo y positivismo, debemos erradicarla con argumentos filosóficos. No debemos temer parecer anticuados, pasados de moda o incluso banales al repetir lo que no pierde fuerza, ni su profundidad, por haber sido expresado muchas veces. El hecho de que la negación moderna de la verdad objetiva tenga más el carácter de una presuposición incuestionable que el de una tesis positiva, como en el caso del escepticismo, no debe desviar nuestra atención y llevarnos a suspender esta pregunta mientras nos ocupamos de la filosofía. Es una especie de esnobismo lo que impide a muchos pensadores volver a afirmar una y otra vez la estricta refutación de todas las formas de escepticismo. Rehúyen la apariencia de ser indiferentes, anticuados y carentes de sentido para los problemas de nuestra época. Ciertamente, el desenmascaramiento de la contradicción e incoherencia intrínsecas de toda negación de la verdad objetiva, no debe ofrecerse como una fórmula meramente esquemática e inocua. Repetirlo una y otra vez no significa repetir una fórmula estereotipada; al contrario, cada repetición contiene una completa comprensión que, en todo su poder inagotable, desenmascara el carácter vacío y sin sentido de todo escepticismo radical. Como bien dijo Goethe: «El error se repite incesantemente en los hechos, por lo que nunca hay que cansarse de repetir la verdad en palabras»[6]. Debemos darnos cuenta de que la inconsistencia del relativismo radical es tal que un filósofo que incluso presuponga tácitamente la negación de la verdad objetiva, ha condenado objetivamente toda su filosofía. Más aún,

[6] «Maxims and Reflections», 331 (1826), in *Goethe, Wisdom and Experience*, ed. Ludwig Curtius, trans. H. J. Weigand (New York: Routledge & Kegan Paul LTD, 1949), 126.

cualquier científico que niegue la posibilidad de alcanzar la verdad objetiva está pronunciando palabras sin sentido, meros balbuceos.

Debemos insistir en la ridícula incoherencia de todos aquellos que profesan una negación de la verdad objetiva y, al mismo tiempo, arrogan a su teoría la verdad objetiva. Nada puede ser más grave para una teoría que negar en su contenido, lo que presupone necesariamente en el mismo acto de afirmarlo. No debemos cesar en desenmascarar la flagrante e inevitable contradicción inevitable que implica necesariamente todo intento de negar la verdad objetiva y la posibilidad de su conocimiento. Se acumulan cada vez más contradicciones sobre esta contradicción inmanente entre el contenido de una afirmación y la implícita pretensión formal de cada afirmación como tal. Cuando se ofrecen argumentos o incluso se escriben libros enteros para demostrar la tesis de que la verdad absoluta no existe, estos relativistas presuponen varios hechos como incontrovertibles: primero, las premisas desde las cuales empiezan a argumentar; segundo, la validez de los principios lógicos sobre los cuales se basan sus conclusiones. Tan pronto como suspenden la validez de cualquiera de las dos presuposiciones mencionadas, sus argumentos o tesis pierden todo poder y colapsan completamente.

Asimismo, debemos enfatizar una y otra vez que la disolución kantiana del auténtico significado del conocimiento como la aprehensión de un ser tal como es objetivamente (o, para utilizar el término tradicional, como la participación intencional de la misma naturaleza de un ser) sustituyéndolo por la noción de construcción del objeto, implica una contradicción inmanente. De esta manera, Kant pretende comprender la naturaleza del conocimiento tal como es, y no ofrecer una mera construcción subjetiva de lo que es el conocimiento. El hecho de que considere su tesis como un descubrimiento fundamental, como un «giro copernicano», atestigua claramente esta pretensión. Así, nos encontramos aquí con una contradicción inmanente en la interpretación del conocimiento, análoga a la que es parte integral de cualquier relativismo con respecto a la verdad objetiva. Al *pretender* revelarnos la naturaleza real del conocimiento, Kant presupone la noción de conocimiento que niega en el contenido de su tesis.

De nuevo, de manera análoga, esta contradicción se encuentra claramente en el pragmatismo. Cuando el pragmatismo afirma que la verdad no significa otra cosa que utilidad y que una proposición es verdadera cuando es una base útil para nuestras tareas prácticas, implícitamente se presupone la verdad en su sentido auténtico. El pragmatista quiere demostrar que la verdad no es nada más que utilidad, y afirma que esta afirmación, al menos, es verdadera y no solo útil. Si negara esto, el significado de su tesis colapsaría por completo. Del mismo modo, se refiere a la verdad en su sentido auténtico en todas sus premisas y conclusiones.

Al ofrecer argumentos para su tesis, el pragmatista presupone tácitamente que sus premisas corresponden a hechos reales, y presupone en sus conclusiones la verdad de los principios lógicos. Incluso la afirmación de que una idea concreta es útil presupone la verdad; implica la afirmación de que la idea es verdaderamente útil. Todos los intentos de negar la verdad objetiva y cambiar su significado, o el significado del conocimiento, implican necesariamente una contradicción inmanente, porque la verdad y el conocimiento son datos elementales, últimos y evidentes que se presuponen en cualquier afirmación y tesis. Quien intenta negar estos datos últimos se comporta como un hombre que quiere saltar detrás de sí mismo.

Si queremos luchar contra el destronamiento de la verdad, primero debemos abandonar una actitud predominantemente defensiva en el ámbito filosófico. Durante siglos, la energía filosófica de muchos filósofos escolásticos ha sido absorbida por una defensa distorsionada del tomismo. La cuestión de si alguna tesis filosófica ofrecida por un filósofo católico o no católico es verdadera o no, parece haberse convertido en equivalente a la pregunta de si se puede encontrar directa o indirectamente en el tomismo.

En lugar de intentar confrontarla con la realidad, con frecuencia solo se la ha abordado permaneciendo aprisionado en un cierto conjunto de conceptos tradicionales y, a menudo, incluso en un vocabulario tradicional; sin tomar la molestia de consultar la realidad mediante un enfoque inmediato hacia ella, solo se ha confrontado la tesis con un libro de texto tomista, y se la ha condenado en cuanto afirmaba algo que no se había dicho en él.

Hay aquí una desafortunada concepción implícita de la filosofía. La filosofía a menudo se identifica con un sistema lógicamente consistente en el que todo debe encajar con todo lo demás. Aunque se reprocha de racionalista el ideal de Descartes, se presupone inconscientemente una noción igualmente racionalista de la filosofía y del proceso de descubrimiento filosófico. Se trata de una «logicización» de la realidad y de sus misterios. Chevalier se opuso a este tipo de racionalismo cuando dijo:

> Hemos tenido que esperar hasta estos últimos años, hemos tenido que esperar hasta esta misma guerra (1914) para que Pascal, el pensador, se le diera su verdadero rango: el primero. Es porque la guerra nos ha recordado o nos ha revelado lo que debería ser realmente la filosofía: no un vano juego dialéctico de conceptos, sino la respuesta a las preguntas que se hace el hombre cuando se enfrenta a la muerte[7].

Ya sea un tomista o no, un verdadero filósofo lucha siempre por adentrarse más y más en la inagotable plenitud del ser, para descubrir nuevos

---

[7] *Pascal* (París, 1925), 7.

aspectos y verdades; y al hacer esto, será más fiel a la realidad que a un «sistema» que ha construido. Observamos en la historia de la filosofía que los grandes filósofos no dudaron en afirmar lo que la realidad les revelaba, aunque no encajase en algunas teorías que habían construido. No permitieron que los conceptos que habían formado y las tesis a las que habían llegado, como deducciones de percepciones anteriores, los separasen de la realidad.

A veces, el *eros* filosófico, el «asombro» y el deseo de consultar la realidad una y otra vez, son reemplazados por una preocupación por defender cada detalle del sistema aristotélico-tomista. Lo que es legítimo e incluso obligatorio con respecto a la verdad revelada tal como se formula en los dogmas de la Iglesia, se aplica aquí inconscientemente a un sistema filosófico.

Esta actitud no solo frustra cualquier indagación filosófica, sino que también hace injusticia al gran logro filosófico de santo Tomás. En lugar de entender que es imposible permanecer fiel a la concepción de un gran filósofo si no nos esforzamos por descubrir por nosotros mismos los datos de los que partió, la intuición que fue el punto de partida para sus conceptos. A menudo se cree que basta con dar definiciones abstractas de conceptos, y parece satisfactorio si el camino que conduce de un concepto a otro, es suave y lógicamente correcto.

A veces, estos filósofos no tienen nada en común con aquel de quien pretenden ser discípulos más allá de la mera terminología. Así pues, también desde el punto de vista de hacer justicia a un gran y venerable filósofo, debemos volver al *ser*, a una intuición intelectual de la realidad que descubrió, y debemos estar más ansiosos por permanecer fieles a este descubrimiento que a su conceptualización y, más aún, que a su terminología.

Pero, sobre todo, debemos estar más ansiosos por encontrar la verdad que por examinar si algo está de acuerdo con el sistema de un filósofo, por grande que sea el filósofo. Si una apreciación genuina de un filósofo por parte de un historiador de la filosofía ya requiere que el pensamiento del filósofo se confronte con la realidad y se mida por la verdad, en una investigación sistemática de la realidad debemos dar el paso *a fortiori* hacia la imperturbable búsqueda de la verdad.

Esta verdadera apreciación implica que nunca nos dejemos apartar del enfoque inmediato de la realidad por convertirnos en prisioneros de conceptos fosilizados, por ser incapaces de abandonar una pista suave y habitual, frustrando cualquier contacto fértil con el ser y cualquier enriquecimiento, compleción y corrección del logro filosófico de un gran y venerado maestro. En este sentido, Sciacca escribe en honor a la memoria de Blondel:

> Esta revista... continuará honrando su memoria y participando en su pensamiento de la única manera en que se honra verdaderamente la memoria de un filósofo y en que se demuestra la vitalidad de su especulación: profundizando en los problemas de la filosofía cristiana con Blondel, pero más allá de Blondel[8].

Algunos filósofos parecen confinar el verdadero trabajo filosófico a una mera elaboración de todas las consecuencias inmanentes del sistema tomista, un trabajo que puede lograrse mediante la agudeza intelectual sin consultar la realidad. Otros consideran que la tarea principal de la filosofía radica en la integración de los resultados científicos y psicológicos modernos dentro del sistema, es decir, su ampliación con elementos

---

[8] «Maurice Blondel», *Giornale de Metafisica* (July-August 1949): 330.

pertenecientes al ámbito extrafilosófico. Sin embargo, está claro que todo verdadero trabajo filosófico consiste en una investigación siempre renovada y continuada del ser, y en la confrontación de todos los conceptos de la escuela con la realidad. Solo esto puede darnos la posibilidad de apreciar plenamente el descubrimiento que llevó a la formación de estos conceptos, y de enriquecer y completar los resultados anteriores, de proceder hacia nuevas diferenciaciones y, a veces, de eliminar los problemas artificiales que resultan únicamente de un uso demasiado vago de ciertos términos.

Si aceptamos con gratitud la distinción de Aristóteles de las cuatro causas y las relaciones metafísicas basadas en ellas, ¿deberíamos por ello excluir *ab ovo* la posibilidad de que pueda haber aún otros principios metafísicos que los descubiertos por Aristóteles? ¿Por qué no deberíamos tener derecho a explorar el ser con el mismo enfoque sin prejuicios y la misma apertura intelectual que hizo Aristóteles?

Que lo anterior sea suficiente como nuestra exposición de los puntos de vista relativos al alma que han sido transmitidos por nuestros predecesores; desechémoslos ahora y hagamos como si comenzáramos completamente de nuevo, esforzándonos por dar una respuesta precisa a la pregunta, «¿qué es el alma?»[9].

¿Por qué habría que excluir *ab ovo* que un análisis imparcial del ser pudiera de manera análoga superar la conquista aristotélica de las cuatro causas, como su descubrimiento que superó el conocimiento de los presocráticos? ¿Hacemos de alguna manera injusticia al descubrimiento de Aristóteles, negamos la verdad de su distinción entre la *causa eficiente* y la *causa final*, si nuestro análisis de la realidad nos obliga a admitir que existen aún otras causas o relaciones metafísicas fundamentales? ¿No es acaso la peor ofensa a un gran filósofo presumir que él pretende haber descubierto todo, visto todos los problemas y respondido completamente a ellos, una pretensión que sería precisamente la antítesis absoluta de la declaración socrática, «solo sé una cosa, que no sé nada»[10]? Lo que distingue precisamente al filósofo verdadero del simple maestro de escuela, es la conciencia de que la

---

[9] Aristóteles, *Acerca del alma* II, 1, 412a 5.
[10] Platón, *Apología de Sócrates*, 21d.

plenitud y la profundidad del ser sobrepasan incomparablemente el alcance de los conocimientos verdaderos que pueda haber adquirido.

La verdadera filosofía debe distinguir siempre claramente entre las verdades que son el resultado de una percepción real, que se refieren a datos dados o accesibles mediante estricta deducción, y las meras hipótesis, que nunca pueden ser verificadas o demostradas por sí mismas, sino que solo pueden ser juzgadas según su verosimilitud.

La distinción entre el conocimiento empírico y el conocimiento absolutamente cierto de hechos estrictamente necesarios e inteligibles en el *Menón* de Platón es, por ejemplo, un modelo clásico de descubrimiento filosófico fundamental, de una percepción basada en algo evidentemente dado. La teoría de la anámnesis, por el contrario, es una hipótesis típica destinada a explicar la posibilidad del conocimiento *a priori*, pero que proclama proposiciones y tesis que no pueden ser verificadas como tales, porque se refieren a lo que no es accesible ni a nuestra experiencia (intuitiva o inductiva), ni a la deducción.

La distinción entre una proposición que se refiere a una esfera de realidad accesible a la intuición intelectual o a la deducción, por un lado, y una proposición que se refiere a una esfera de realidad inaccesible a la intuición y a la deducción, por el otro, no niega la necesidad y el valor de una hipótesis, ni excluye la posibilidad de que una hipótesis pueda estar objetivamente en plena conformidad con la realidad. Pero en cuanto dejamos de distinguirlas con claridad, y tratamos una hipótesis como si fuera un hecho innegable y evidente, corremos el riesgo de cerrarnos el acceso a la realidad. Entonces, nos acercamos al ser a través de una red de conceptos resultantes de una hipótesis; y no solo interpretamos cada dato a la luz de esta hipótesis, sino que además perdemos el contacto con lo inmediatamente dado. Luego inferimos cómo debería ser el ser, a partir de conceptos que han perdido su contenido original; sobre todo, desperdiciamos nuestra energía intelectual en problemas artificiales que surgen exclusivamente de la fosilización de ciertos conceptos. El ser tiene tantos misterios que aún no han sido explorados filosóficamente; ofrece tantos datos de los cuales aún falta la comprensión filosófica, que parece increíble que tanta inteligencia se malgaste en resolver problemas imaginarios que surgen únicamente de alternativas inexistentes, o de la extensión de ciertos conceptos a esferas del ser en las que no tienen ninguna base en la realidad.

Muchos términos se utilizan de manera tan amplia que las diferencias de significado (que son precisamente lo que importa) no se captan realmente. Por ejemplo, la voluntad se utiliza como si abarcara todas las respuestas afectivas significativas, es decir, el amor, la admiración, la estima. Sin embargo, lo que hoy tenemos en mente al hablar de voluntad es la respuesta específica dirigida a algo que aún no es real, cuyo contenido podría ser circunscrito como «has de ser», un acto que es libre en el pleno sentido de la palabra y que es el maestro de todas las acciones. La voluntad en este sentido específico es la *causa ejemplar* de todas las actitudes que incluimos en este término. Y así, al llamar amor a un acto de voluntad, falsificamos *de facto* la naturaleza misma del amor, la *quididad* específica del amor, que lo distingue de todas las demás respuestas. Debemos ser conscientes del peligro que resulta de utilizar ciertos términos cuando los definimos en un sentido completamente análogo, pero los utilizamos en un sentido mucho más unívoco en cuanto los aplicamos concretamente. Tal es el uso del término «final». Si queremos utilizarlo en un sentido en el que abarque toda dirección significativa hacia algo, no solo debemos distinguir con claridad este término general, del significado original de *causa final*, sino que además no debemos permitir que la relación de «medio y fin» permanezca en nuestra mente como el patrón oculto de la finalidad.

Debemos regresar a una continuación viva del magnífico proceso de exploración filosófica real que va desde los presocráticos hasta Sócrates, Platón, Aristóteles, san Agustín, san Buenaventura, santo Tomás de Aquino, para una plena restauración del «asombro» ante el cosmos en su profundidad inagotable[11].

Solo una filosofía que esté llena del verdadero *eros* filosófico, que nos revele en todo su ritmo las palabras de san Agustín, *quod desiderat anima fortius quam veritatem* (qué desea el alma con más fuerza que la verdad)[12], puede acabar con el descrédito de la razón y de la verdad, y restaurar el pleno respeto por la verdad en todos los ámbitos de la vida.

[11] Cf. Dietrich von Hildebrand, *Ética*, 13-30.
[12] Tract. 26 in *Joannem*, 4, 5.

Solo una filosofía que esté profundamente arraigada en una conciencia viva de la plenitud del ser devolverá a la filosofía su papel orgánico de abrirnos los ojos a los misterios del ser, de profundizar en nuestro contacto vivido con el ser, y de preparar nuestro espíritu para la verdad infinitamente superior de la revelación, el verdadero sentido de *philosophia ancilla theologiae* (la filosofía es sierva de la teología). A la inconsistencia de los subjetivistas modernos que luchan por ideales cuya presuposición ontológica niegan, como el ateo recto de 1848 que agradecía a Dios cada mañana por haberle hecho ateo, debe oponerse una plena coherencia, es decir, una verdad vivida, que revele en nuestro planteamiento de cualquier problema práctico que estamos «arraigados y fundados» (Ef 3, 17) en las verdades naturales fundamentales y, sobre todo, en Cristo, «que es la solución de todos los problemas». ¡Cuántas veces nos encontramos con católicos que niegan a Cristo, e incluso verdades naturales fundamentales, tan pronto como se enfrentan a problemas sociales o políticos en el ámbito práctico de la vida! Permitir que la luz de la verdad natural y sobrenatural penetre plenamente en todos los problemas es la vía principal para restaurar el pleno respeto por la verdad como juez supremo en todas las cuestiones y como norma de todas nuestras actitudes.

La tarea de la reinstauración de la verdad implica, sobre todo, la erradicación de las raíces morales que llevaron a esta actitud desastrosa hacia la verdad. En «Catolicismo y conocimiento sin prejuicios»[13] abordaremos este aspecto. Aquí puede bastar con subrayar que, para restablecer el respeto por la verdad y la aceptación de su carácter de juez supremo, no será suficiente ninguna oposición meramente intelectual. Si los abusos de la razón distorsionada han conducido al destronamiento de la verdad y han abierto el camino para la deificación de todo lo que es inferior al hombre y a la razón humana, solo la luz suprarracional de Cristo puede restablecer la verdad en el lugar que Dios le ha dado y devolver a la razón su ordenación hacia la verdad; en otras palabras, restaurar incluso la razón y salvarla de la autodestrucción.

---

[13] Cf. *The New Tower of Babel*, 132 ss.

# EL DEBILITAMIENTO
## DE LA VERDAD*

* Este texto [*The Undermining of Truth*] aparece como capítulo XXI de
*Trojan Horse in the City of God* (*Caballo de Troya en la ciudad de Dios*)
de Dietrich von Hildebrand. En la edición de 1967 el capítulo es titula-
do: «El socavamiento de la verdad» (*The Sapping of Truth*).

Enamorados de nuestra época actual, ciegos a todos sus peligros característicos, intoxicados con todo lo moderno, hay muchos católicos que ya no se preguntan si algo es verdadero, o si es bueno y bello, o si tiene un valor intrínseco. Preguntan únicamente si es actual, si es adecuado para el «hombre moderno» y para la era tecnológica, si es desafiante, dinámico, audaz y progresista.

Sin embargo, hay una tendencia que es más refinada que la subordinación de la verdad a las modas de nuestro tiempo. Es el intento de interpretar la noción de verdad de una manera que equivale a socavar su propio contenido. Este error se presenta bajo una apariencia ortodoxa y religiosa, y por lo tanto es mucho más peligrosa para la fe. Nos referimos a la distinción, cada vez más popular, entre las nociones «griega» y «bíblica» de la verdad.

Un rasgo típico de nuestra época, orientada hacia la sociología, es presentar los datos más elementales de la experiencia humana como derivados de las mentalidades de ciertas naciones y culturas[1]. Esta moda intelectual resulta especialmente absurda cuando se aplica a la verdad. La noción auténtica de la verdad es, de hecho, tan fundamental e indispensable que incluso los intentos por darle una interpretación «nueva», la presuponen. La verdad no es una propiedad nacional, cultural o de una época.

La verdad es la conformidad de una aseveración con la realidad, con los hechos existentes. Todo el énfasis se pone en el hecho de que algo es así realmente. La esfera del ser a la que se refiere la afirmación puede variar, pero el criterio de la verdad sigue siendo el mismo. La proposición puede referirse a una ley general, a una relación esencial o a un hecho concreto. Los enunciados: «Los valores morales presuponen

---

[1]  Cf. Fr. Bernard Lonergan, S. J., la conferencia pronunciada en la Universidad Marquette, el 12 de mayo de 1965. Ideas similares son desarrolladas por Thomas Sartory.

personas», y «Napoleón murió en Santa Elena», no se diferencian en cuanto a la verdad, por muy distintas que sean las realidades a las que se refieren.

Una afirmación verdadera, ya sea en filosofía o en una ciencia experimental, es aquella que posee validez objetiva y, por lo tanto, se contrapone a la falsedad, a la no-validez de una ficción o ilusión afirmada. Además, la verdad de una proposición que se refiere a un hecho concreto —la llamada verdad histórica— no difiere de la verdad de las proposiciones universales. La fuente de su verdad es la existencia real del hecho. Por tanto, decir que hay una verdad que tiene una impronta histórica es bastante ambiguo. Indudablemente, la realidad a la que la verdad se refiere, es un acontecimiento histórico. Pero la verdad en sí misma no es histórica. El que Napoleón muriera en Santa Elena es verdad ahora, fue verdad hace cincuenta años, y siempre será verdad. Así que no existe una «verdad histórica», sino solo una verdad sobre los hechos históricos.

Aunque la verdad se predica en primera instancia de la proposición, permanece completamente enfocada en la existencia de algún ser, ya sea un hecho concreto o un estado de cosas ideal. En otras palabras, el alma misma de la verdad es la existencia del ser al que ella se refiere. La pregunta de si «¿es esto así o no?», es equivalente a la pregunta de si «¿es o no verdad?». El considerar la verdad como algo meramente lógico, como algo que pertenece simplemente al orden conceptual, significa pasar por alto su importantísimo impacto existencial.

Lo que decide la cuestión de si una afirmación es o no verdadera, es exclusivamente la realidad del ser en cuestión. Por eso, debemos darnos cuenta de que la verdad llega hasta donde llega el ser. La verdad es el eco del ser. Por lo tanto, es absolutamente erróneo crear cualquier antagonismo entre la verdad «griega», que pertenece a la esfera de las proposiciones, y la verdad «bíblica», que se refiere a la realidad y al ser. La referencia al ser está indisolublemente vinculada a la verdad, tanto si el ser es de naturaleza metafísica como histórica, tanto si la existencia en cuestión es una idea general o un hecho concreto e individual. A todo ser posible le corresponde la verdad de una afirmación potencial sobre su existencia o la naturaleza de su existencia.

No hay nada que esté más allá del alcance de la verdad, ya sea en el ámbito de nuestro conocimiento posible o bien fuera de él, ya sea un misterio o bien algo accesible al conocimiento racional. Incluso el agnóstico presupone la existencia de la verdad, aunque declare que no podemos alcanzarla. Debe quedar claro que es completamente ridículo interpretar el hecho más elemental, la pregunta más indispensable de la verdad, como una especialidad de la mente griega. En cada cuestión de la vida cotidiana, tanto de la persona más primitiva o de la más sofisticada, se presupone la verdad. Ya sea que acusemos a un hombre de mentiroso o confiemos en él, la cuestión de la verdad sigue dándose por supuesta.

Sin embargo, se afirma que la «verdad griega» difiere de la «verdad bíblica», no solo porque la primera es filosófica y abstracta, mientras que la segunda es histórica, sino también porque la verdad griega es coextensiva con el «conocimiento» (ya sea de un conocimiento ético, metafísico o lógico), mientras que la verdad bíblica se refiere al ámbito de la fe. Es importante ver que la confusión generada, nace de equiparar dos distinciones básicas: la que existe entre la verdad filosófica y la verdad histórica; y la que existe entre las verdades del conocimiento y las verdades de la fe. Pretender que la verdad bíblica —la «fe»—, se refiere exclusivamente a los hechos históricos es, sin duda, incorrecto. Aunque la historia desempeña un papel predominante en el Antiguo y Nuevo Testamento, hay muchos hechos fundamentales que no tienen carácter histórico y que, sin embargo, forman parte de la revelación divina. Que Moisés recibió el Decálogo en el monte Sinaí, es un hecho histórico. Pero el contenido del Decálogo difícilmente puede calificarse de histórico. Que Dios diese estos mandamientos al hombre, podría decirse que es algo histórico, pero su bondad intrínseca y su aplicabilidad universal no es, ciertamente, un hecho histórico. La observación de Cristo, «el que llame 'necio' a su hermano merecerá el fuego de la Gehenna», no es ciertamente una verdad histórica. Y en la afirmación, «el que crea, alcanzará vida eterna», nos encontramos de nuevo con una verdad general que se aplica a cualquier ser humano. Por lo tanto, es completamente incorrecto declarar que la Biblia, especialmente el Nuevo Testamento, solo se ocupa de hechos históricos.

Indudablemente, todas las verdades de la Biblia, especialmente las del Nuevo Testamento, tienen carácter existencial, en el sentido kierkegaardiano del término. Todas ellas están relacionadas con la realidad última, divina, y con el *unum necessarium* (lo único que es necesario). Pero este carácter existencial no puede expresarse diciendo, como hacen algunos, que estas verdades tienen una coloración histórica. Esto parecería implicar —por supuesto, un término ambiguo— que una verdad que es histórica es menos absoluta que la verdad no histórica, o que de alguna manera depende del curso de la historia.

Hay una distinción real entre conocimiento y convicción, por un lado, y la revelación divina y la fe, por otro. Pero, en ningún sentido, se refiere a la noción de verdad. La verdad es siempre una y la misma. La distinción consiste, más bien, en la enorme disparidad entre aquellas cosas que son, en principio, accesibles a nuestra razón, y aquellas otras cosas, presentadas en la revelación divina, que en principio sobrepasan a todo entendimiento racional posible. De ello se deduce que habrá una diferencia decisiva entre la fe y la convicción basada en el conocimiento racional.

La diferencia entre los objetos de la «razón» y los de la «fe» es obvia. Pero esta diferencia no tiene consecuencia alguna para la noción de verdad. La Santísima Trinidad, la visión beatífica, la resurrección del cuerpo, cada una de ellas existe o no, y la profesión de estos misterios es verdadera o no lo es. La frase «Cristo resucitó de entre los muertos», no se diferencia, en cuanto a la verdad, de cualquier otra afirmación verdadera, por sumamente incomparable que pueda ser como realidad.

Pero debemos ver otra distinción importante, cuando consideramos la fe y la convicción natural. No implica que haya una dualidad en la verdad, pero es vital en el ámbito de la fe. Esta es la distinción entre la *«fe en»* y la *«fe que»*, hecha por Martin Buber y Gabriel Marcel.

Sin lugar a dudas, hay una diferencia decisiva entre, por un lado, el acto de entregarse a Cristo, la respuesta a la inefable epifanía de Dios en la Sagrada Humanidad de Cristo y, por otro lado, nuestra aceptación del misterio que Cristo nos revela. El primer acto —la *fe en*— es la experiencia religiosa fundamental. Es la respuesta de Abraham, cuando se sintió como polvo y ceniza frente a la persona absoluta y la otredad completa de Dios, la misteriosa e infinita superioridad que Rudolf Otto describe en su obra *Lo santo*[2]. Esta entrega total en actitud de adoración a la persona de Dios es la «*fe en*». Lo encontramos ejemplificado en muchos lugares del Evangelio: en los Apóstoles respondiendo al llamamiento de Cristo; en aquel que, cuando le preguntó «¿Crees tú?», se postró y le adoró. Este acto sobrepasa la convicción racional. Es una entrega específica a una persona. Sucede solo en relación con una persona. Más aún, debe ser una entrega a la Persona Absoluta, ya sea a Dios (como en el caso de Moisés), o bien al Dios que se ha revelado a sí mismo en Cristo (como en el caso de los apóstoles). La «*fe en*» no es una respuesta teórica, como lo es la creencia de que algo existe, cuyo objeto es un estado de hechos, sino un acto total en el que la persona se entrega completamente en mente, voluntad y corazón a la Persona Absoluta. Como respuesta a la Infinita Santidad de Dios, exige renunciar a toda distancia crítica, a toda prueba y demostración. Sin embargo, esta fe está simultáneamente impregnada de la convicción inquebrantable de

---

[2] Rudolf Otto, *Lo santo*, trad. Fernando García Vela, (Madrid: Alianza Editorial, 2016).

que esta respuesta es la debida, y de que es todo lo contrario de dejarse abrumar simplemente por el dinamismo de algo, de dejarse inundar y arrastrar por una pasión irresistible, por una fuerza experimentada como mucho más fuerte que nosotros mismos. No, esta «fe en» está animada por la libre sanción que he descrito en la obra *Ética cristiana*. Está llena de la experiencia de una confrontación vivida con la Verdad encarnada. Tal fue la experiencia de san Pablo en el camino de Damasco y la experiencia de Pascal tal como está escrita en su famoso documento, *El Memorial*. Ahora bien, en toda oración dirigida a Dios hay una actualización definitiva de la «*fe en*».

La «*fe que*» se ve en nuestra respuesta a todas las realidades reveladas por Cristo. Creemos que existe la vida eterna; que nuestro cuerpo resucitará realmente; que nuestra salvación eterna depende de seguir a Cristo; y creemos estas cosas, porque Cristo nos las ha revelado. Esta fe es una respuesta teórica definida; sus objetos son estados de hecho y no personas. A diferencia de cualquier convicción meramente racional (por ejemplo, de una verdad metafísica basada en el conocimiento), la «*fe que*» está más cerca de dicha convicción que la «*fe en*»; pues el tema aquí es la verdad: las palabras de Cristo son creídas por ser verdaderas.

Ahora bien, está claro que tanto la «*fe en*» como la «*fe que*» están implicadas en nuestra fe cristiana. La «*fe en*» es la base misma de la «*fe que*». Objetivamente, nuestra fe *en* Cristo es el fundamento para creer *que* lo que Cristo ha revelado es verdad. Más aún, la «*fe en*» pertenece a toda vida plenamente religiosa. Existe, sin duda, el peligro de que muchas personas acepten simplemente la religión como un asunto que se hereda. En este caso, la «*fe que*» tendrá prioridad sobre la «*fe en*», y esta última quedará relegada a un segundo plano. Pero todos los que poseen una «*fe en*» siempre tendrán también una «*fe que*».

El papel de la verdad en la «*fe que*», es obvio. Resulta evidente en el *Credo*. Sería absurdo pretender (como lo han hecho Sartory y otros) que una persona no necesita considerar como real, efectivo y objetivamente válido el contenido de su «*fe que*». Necesariamente debe considerar que este contenido es verdadero. Pero el tema de la verdad se halla también presente en todo acto de «*fe en*». Una persona que tenga fe en

Dios está convencida también inevitablemente de la existencia de Dios. Una persona que tenga fe en Cristo está convencida también firmemente de que Cristo es Dios. A toda «*fe en*» le corresponde no solo una *fe* en *que* las revelaciones de Dios son verdaderas, sino también una *fe* de *que* existe la persona en quien tenemos fe.

Por ejemplo, cuando escuchamos una música preciosa y nos sentimos profundamente conmovidos por ella, nuestra experiencia no es, ciertamente, un juicio acerca de la belleza de la música. Es, más bien, un contacto directo con la belleza de la música, un sentirnos tocados por ella y responder con entusiasmo. Afirmamos implícitamente: «Esa música es bella». No se trata más que de una pálida analogía, pero bastará para sugerir la manera en que cada fe *en* contiene implícitamente una fe de *que* existe el objeto de nuestra fe. La persona en quien creo, a la que me entrego, es el absoluto. Creo que Él es Dios, la epifanía de Dios. Así pues, tan importante es distinguir la fe *en* de la fe *que*, como ver que la primera es la base misma de la segunda. Resulta imposible separarlas de un modo que pudiera sugerir que la «*fe en*» podría existir sin la «*fe que*». Las dos actitudes —la entrega a la persona de Cristo como Dios y la creencia en que Cristo es el Hijo de Dios— son, indudablemente, diferentes. Pero la fe de *que* Jesucristo es el Hijo de Dios está vinculada esencialmente con la *fe en* Él. Es imposible para cualquier fiel cristiano no creer que Cristo es el Hijo de Dios. En la pregunta que Cristo hizo a sus discípulos: «¿Quién decís que soy yo?», y en la respuesta dada por san Pedro: «Tú eres el Cristo, el Hijo de Dios vivo», se halla claramente presente la «*fe que*». Y también se halla igualmente presente en la oración sacerdotal, «ellos han creído que Tú me enviaste». En ambos casos, es importante señalar que la cuestión de la verdad está completamente presente: la verdad, en su sentido último, totalizador e inevitablemente presupuesto del término. Y esta verdad no tiene ningún «componente histórico» ambiguo.

También es ambiguo plantear la noción de que la fe bíblica, significa sencillamente que seguimos a Cristo en nuestra vida. Esta es la tesis defendida por Thomas Sartory, y que lleva en su seno una enorme confusión provocada por su juego de palabras. Ahora bien, es cierto indudablemente que la fe viva que Kierkegaard subraya, implica seguir a Cristo. Implica algo más que nuestra convicción de que lo que Cristo ha revelado es verdad. Implica una vivencia de Cristo en nuestra alma, una donación continuamente renovada de nosotros mismos a Cristo, y verlo todo a la luz de Él. Pero la fe, como tal, la fe que san Pablo distingue claramente de la esperanza y de la caridad, está indisolublemente vinculada con la convicción de que Cristo es el Hijo de Dios, la epifanía de Dios. En resumen, está conectada con la divinidad de Cristo. Negar este núcleo mismo de la fe (tanto de la fe *que* como de la fe *en*) es aniquilar la fe a la que el Evangelio se refiere constantemente. Cuando la verdad, en su sentido auténtico, no desempeña ningún papel en la fe, entonces la fe se ha perdido. Existe una flagrante contradicción en la idea de Sartory y de otros de que solo la «fe en Cristo» y la fidelidad a Él en nuestras vidas son absolutas, y que toda proposición que exprese algo implícito en nuestra fe está sujeta a una evolución histórica. Esto, sencillamente, es un juego de palabras que, por cierto, se ha puesto muy de moda desde Heidegger, como manera de resolver los problemas.

Los santos son los grandes testigos de Cristo y de la redención del mundo por medio de la muerte de Cristo en la cruz. Ellos demuestran la conexión inquebrantable tanto de la «*fe en*» como de la «*fe que*» con la transformación de la personalidad en Cristo. Realizan verdaderamente las palabras de san Pablo: «Vivo, pero no yo el que vive, sino que es Cristo quien vive en mí». Las vidas de los santos ejemplifican la importancia crucial de nuestro seguimiento de Cristo, seguimiento que incluye el amor a Dios, el amor al prójimo, y la permanencia en el camino del Señor; en una palabra, la realización de toda la moral natural y sobrenatural. Subrayar esto se halla, ciertamente, en plena conformidad con la doctrina de la Iglesia. Y encuentra su expresión clásica en la doctrina católica de la justificación, la cual sostiene, contra la teoría luterana de la *sola fide*, que la justificación no puede separarse de la santificación y que únicamente la fe formada por la caridad (*fides caritate formata*) puede conducir a la salvación. Pero este verdadero seguimiento de Cristo presupone no solo una «*fe en*», sino también la «*fe que*» de los credos Niceno y Apostólico. Si es erróneo sustituir la *sola fide* por la *fides formata caritate*, con mayor razón lo es sustituir la imitación de Cristo por la fe; ya que la base misma de la imitación de Cristo es la fe en Cristo. Y este compromiso con Cristo no puede separarse de la firme creencia de que Dios existe, de que Cristo es el Hijo del Dios vivo. Por medio de este hecho, se revela toda la tematicidad de la verdad en la fe. Así, vemos que la «fe bíblica» defendida por Thomas Sartory y otros, es una noción completamente ambigua y conduce a una confusión desesperada. Su «fe bíblica» no es ni la verdadera «*fe en*», ni la verdadera imitación y compromiso que presenciamos en los santos.

La disolución completa de la verdad se sintetiza en la respuesta dada por un teólogo a la siguiente pregunta: «¿Anunció realmente el ángel san Gabriel a la Virgen María el hecho de que daría a luz a Cristo?». El teólogo respondió: «Esto es una verdad oriental». Esta respuesta implicaba que hay diferentes tipos de verdad, una oriental y otra occidental, una antigua y otra nueva. Su malabarismo con el concepto de verdad nos recuerda a las distinciones hechas por el presidente de la Asociación de Matemáticos en la Alemania nacionalsocialista entre las matemáticas judías y arias.

Cuando san Agustín dice: «¿Qué anhela más nuestra alma que la verdad?» O cuando exclama: «¡Oh, verdad, verdad! ¡Cómo suspira por ti la médula de mis huesos!», se refiere evidentemente a algo que está por encima y más allá de la verdad de las afirmaciones fundamentales. La verdad se concibe como un todo, como una sola, como cuando hablamos del Reino de la Verdad. Aquí, como en la expresión: «la verdad os hará libres», resplandece la dignidad y el valor de la verdad. En esta noción de la verdad, como esplendor de la luz en contraste con las tinieblas, de la pureza frente a la impureza, de la univocidad en contraposición a la ambigüedad, de la claridad y la articulación frente al caos, está presente toda la dignidad del ser en contraste con el no-ser. Tocamos aquí un dato último que alcanza una profundidad y un misterio insondables. El alcance de este trabajo no nos permite profundizar en él, pero podemos citar el siguiente pasaje de Guardini:

Platón debe haber tenido una experiencia extraordinaria de la verdad. Para él, la verdad no es solo la adecuación de una proposición, sino una experiencia de la verdad con toda su sublime importancia y plenitud de significado que implica la verdad no distorsionada. Para Platón, la verdad no es solo la corrección y claridad de una intelección, sino también ese valor sublime que trasciende el contenido concreto de todo conocimiento genuino[3].

Nos acercaremos a esta noción de verdad, si consideramos las diferentes gradaciones de peso y profundidad que la verdad de una afirmación puede asumir, dependiendo de si es de naturaleza insignificante, accidental o esencial. El contenido de las proposiciones difiere de muchas maneras: importante o no importante, profundo o superficial, intrínsecamente necesario o puramente empírico. Aunque, como hemos visto, las diferencias de contenido no nos autorizan a hablar de diferentes tipos de verdad, sin embargo, una verdad adquiere peso, estatus y esplendor, según sea el rango del ser en cuestión. El esplendor de una verdad que implica valores es inconmensurablemente mayor que el de una verdad que solamente trata de un hecho neutro.

Cuanto más elevado sea el hecho al que se refiere una verdad, tanto más podremos captar el valor glorioso de la verdad. Y, sin embargo,

---

[3] Romano Guardini, *Stationen und Rückblicke* (Würzburg: Werkbund, 1965).

en toda verdad, incluso en la de la proposición más modesta, hay un destello, por tenue que sea, de la gloria de la verdad.

Sobre este trasfondo deben entenderse las palabras de Nuestro Señor: «Yo soy la verdad». Aquí nos encontramos ante una verdad que lo abarca todo, el Reino de la Verdad en todo su esplendor liberador, pero en una realidad completamente nueva: la verdad como persona. La diferencia es análoga a la que existe entre la justicia y la bondad, y el hecho de que el *ser* de Dios sea justicia y bondad infinitas. Aquí se pone de manifiesto la superioridad incomparable que posee el ser personal sobre lo impersonal. En Cristo nos confrontamos con la Verdad encarnada, con el Verbo encarnado, en quien la gloria sobrecogedora de la verdad tiene una realidad personal última. Como la verdad que nos redime, como la verdad que nos hace libres, Cristo nos atrae al Reino de la Verdad.

Ninguna palabrería sobre la diferencia entre la verdad griega y la verdad bíblica puede afectar al hecho de que la verdad, en todas sus dimensiones, es la columna vertebral de la fe cristiana. El hecho de que la fe de una persona esté basada en la verdad o en el error tiene un impacto decisivo. Al comparar posturas como las de Thomas Sartory con las del Cardenal Newman, o con las de cualquier otro santo del pasado, nos vemos obligados a concluir que muchos de los católicos progresistas han perdido en realidad su fe, y ahora intentan desesperadamente, por medio de construcciones confusas y pretenciosas, engañarse a sí mismos y a los demás sobre este hecho terrible.

# FALSOS FRENTES*

* Este ensayo fue publicado por primera vez en alemán como «Falsche Fronten» en el periódico anti-nazi de Hildebrand, *Der christliche Ständestaat*, el 27 de septiembre de 1936. La traducción al inglés se realizó para *My Battle Against Hitler* (Nueva York: Image Books, 2014). Un libro que presenta por primera vez en inglés muchos de los ensayos y acciones de Hildebrand que le valieron la distinción de ser el «enemigo público número uno» de los nazis en Viena por su liderazgo en la resistencia intelectual al nazismo. [Hay traducción al español de esta obra, *Mi lucha contra Hitler* (Madrid: Ediciones Rialp, 2016)].

En el congreso nacionalsocialista de Nuremberg, el ministro Goebbels afirmó que en el
mundo actual solo existen dos grandes frentes:
el bolchevique, que incluye a todos los que con-
sienten el bolchevismo, y el frente antibolchevique, fascista y autoritario. El nacionalsocialismo
encabeza el segundo y ha salvado a Alemania
del bolchevismo. Por eso toda persona sensa-
ta debe tomar partido inequívocamente por el
frente antibolchevique.

Es comprensible que esta retórica haya marca-
do profundamente a mucha gente. Los terribles
acontecimientos de España, los asesinatos de sa-
cerdotes y religiosos y la destrucción de tesoros
culturales maravillosos han desencadenado con
razón reacciones de terror y de espanto en todas

partes y han hecho que muchos tomen conciencia de la temible dinámica puesta en marcha por las pasiones suscitadas en las masas.

No nos vamos a detener aquí en la cuestión de hasta qué punto se puede hacer responsable a Moscú de los hechos ocurridos en España, ni de si el fenómeno español es realmente bolchevique o anarquista. No eran necesarias esas atrocidades para reconocer la horrible naturaleza del bolchevismo. Su ideología materialista, su desprecio de toda libertad personal, su colectivismo y su antipersonalismo, su odio mortal al cristianismo y a toda religión son motivos suficientes para que cualquier católico auténtico lo rechace sin concesiones y se oponga a él sin reservas.

No obstante, la división ideológica del mundo de hoy día en bolcheviques y antibolcheviques que Goebbels proclamó en el congreso del Partido de Nuremberg es falsa. De hecho, las verdaderas líneas de batalla formadas en el campo de las ideas son muy distintas. Más de una vez he apuntado en estas páginas que solo existe una antítesis a cualquier error: la verdad. Porque los errores, por diferentes que sean entre ellos, no son realmente antitéticos. Los pares del tradicionalismo y el ontologismo, del pelagianismo y la doctrina protestante de la *sola fide* (la sola fe), del colectivismo y el individualismo liberal, del socialismo y el capitalismo, toman direcciones distintas; pero ningún error contrarresta lo que hay de específicamente falso en otro error opuesto, por lo que ninguno de ellos constituye una verdadera antítesis. En todos estos casos, una y otra parte se hallan esencialmente relacionadas: las dos proceden de una misma falsedad primera, aunque se muevan en direcciones diferentes. Solo la verdad se opone a todos los errores, sea cual sea su naturaleza, tanto es sus aspectos más esenciales como en su disvalor específico. Ningún error puede ser derrotado por otro error opuesto: no se puede eliminar el mal con la ayuda de Belcebú.

En realidad, a lo largo de los dos mil últimos años en el mundo solo ha habido dos frentes: el frente a favor de Cristo y el frente en contra de Cristo. Él es la piedra angular que distingue a todos los espíritus. Cualquier otra antítesis evita la cuestión fundamental y, por lo tanto, es superficial.

La cuestión «a favor o en contra de Cristo» se puede entender en un sentido más específicamente religioso o en un sentido cultural e intelectual más amplio. En el primer caso, la cuestión de la verdadera fe cristiana constituye el criterio para estar a favor o en contra de Cristo; en el segundo, el criterio es la cuestión de en qué medida nos adherimos a los principios del Occidente cristiano en el aspecto moral, legal, sociológico y cultural.

En Europa, la crisis intelectual contemporánea divide a la gente en dos campos: los enemigos de la cultura occidental cristiana y los que de alguna manera siguen adhiriéndose (en grados muy distintos) a los fundamentos de esa cultura. En este último grupo puede incluirse a quienes no es posible denominar cristianos en sentido religioso.

Así pues, ¿qué define al Occidente cristiano en ese sentido cultural e intelectual más amplio? ¿En qué aspecto constituye el Occidente cristiano el verdadero frente contra el nazismo y el comunismo al mismo tiempo? El primer elemento decisivo es la postura frente a la cuestión de la verdad. El respeto profundo a la verdad es un aspecto integral de la cultura occidental cristiana, junto con la conciencia clara de que la cuestión de la verdad se encuentra en el principio de todas las decisiones y no puede subordinarse de ninguna manera a consideraciones prácticas.

La visión que el ministro de Cultura [alemán] Schemm reflejaba en un discurso pronunciado en 1933 en presencia de los profesores de la Universidad de Munich es diametralmente opuesta a ese respeto hacia la cuestión de la verdad: «A partir de ahora, lo que les debe importar no es determinar si algo es verdad, sino si está de acuerdo con la revolución nacionalsocialista». Lo mismo ocurre con estas palabras del programa nacionalsocialista: «Declaramos nuestra lealtad al cristianismo en la medida en que no contravenga la sensibilidad racial germánica». Aquí la cuestión decisiva ya no es si la doctrina cristiana es objetivamente verdadera, sino si coincide con la sensibilidad subjetiva de una raza y se ajusta a determinado *ethos* racial.

Conviene destacar que esta actitud se opone más radicalmente al espíritu del cristianismo que la forma típica de ateísmo, ya que este último reconoce, al menos en principio, el papel decisivo de la cuestión de la verdad. En el nacionalsocialismo, sin embargo, la cuestión de la verdad en cuanto tal se suprime en favor de un factor puramente subjetivo. La cuestión de la verdad o la falsedad de una visión del mundo —lo único que debe ser esencial para nuestra respuesta positiva o negativa a ella— es destituida de su sede de juicio. Esto implica una ruptura aún mayor con la adhesión a la verdad objetiva que encontramos hasta en el escepticismo radical. Cuando este niega la existencia de la verdad objetiva, otorga necesariamente importancia a la cuestión de la verdad en sí. No obstante, en el caso que nos ocupa la cuestión de la verdad se trivializa. La facultad de discernir la gravedad de la cuestión de la verdad ha muerto: se ha extinguido el interés por la cuestión elemental de «¿qué es la verdad?». Esto significa una ruptura irrevocable con toda la cultura occidental cristiana, que se apoya en el principio del respeto a la verdad.

Un segundo elemento constitutivo de la cultura occidental cristiana es la convicción de que existe una ley moral objetiva independiente de todo interés subjetivo, de la arbitrariedad y del mero poder. Las infracciones de la ley cometidas bien por gobernantes individuales, bien por masas democráticas, han ocurrido siempre *de facto* en la historia de Occidente. Pero siempre ha existido cierta adhesión a la idea de una ley objetiva y la cuestión del derecho se ha considerado independiente de la pura afirmación de los deseos egoístas de cualquiera. Esta creencia en una ley objetiva inmune a la arbitrariedad de los individuos y de las naciones es una herencia de la visión cristiana del mundo, que continúa preservada incluso por numerosos enemigos del cristianismo (por ilógico que sea desde un punto de vista estrictamente religioso) y que subyace también al concepto de la Liga de Naciones.

La afirmación, tan frecuentemente repetida por los líderes nacionalsocialistas, de que no hay nada objetivamente bueno o malo, sino que «es bueno lo que sea útil para el pueblo alemán», rompe esencialmente con ese elemento constitutivo de la vida pública del Occidente cristiano. En el campo de la teoría filosófica, el camino hacia esta doctrina nacionalsocialista lo han preparado varias formas de relativismo y positivismo, pero solo el nacionalsocialismo se ha atrevido a extraer su consecuencia fundamental en la práctica: la renuncia consciente y programática al principio expresado mediante las palabras *iustitia fundamentum regnorum* (la justicia es el fundamento de los Estados).

También aquí se abre un abismo insalvable. De un lado están todos los que siguen creyendo en una ley objetiva y piensan que en casos individuales de conflicto la cuestión del bien debe prevalecer sobre la cuestión del mero poder; del otro están todos los que niegan por principio esa clase de ley objetiva. Es absolutamente imposible que ambas partes alcancen un acuerdo o posean puntos en común. En casos de conflicto, ni siquiera pueden recurrir a una norma objetiva e intemporal sobre cuya base se pueda tomar una decisión, porque una de las partes niega que exista una autoridad superior a sus propios intereses. No debemos subestimar lo profunda que es esta diferencia, porque en este punto todos los espíritus se separan definitivamente. Con la negación de una ley objetiva, uno no solo queda excluido del cristianismo como religión, sino de toda la tradición cultural clásica y humana de Occidente que ha recibido del cristianismo su constitución básica.

Un tercer elemento constitutivo de la cultura occidental cristiana es la primacía de la esfera espiritual sobre la vital y, *a fortiori*, sobre la mera materia. Ha habido muchos sistemas filosóficos que han negado la jerarquía divinamente ordenada de las esferas del ser, pero la Rusia soviética y el Tercer Reich han sido los primeros en negar esa jerarquía en su ideología oficial del Estado y de extraer las consecuencias de esa negación en sus leyes y en el modo de educar a la juventud. En la cultura occidental cristiana, la esfera espiritual se halla por encima de las esferas vital y puramente material, las cuales están al servicio de la primera.

Esta se considera también ontológicamente superior. El puesto que ocupa halla su expresión clásica en las maravillosas palabras de santo Tomás: *anima forma corporis* (el alma es la forma del cuerpo). La composición de la sangre de una persona no es esencial para su espíritu; como persona espiritual, el hombre procede directamente de las manos de Dios, y su libertad, su educación y su apertura a la obra de la gracia juegan un papel decisivo en su desarrollo. No cabe duda de que la salud constituye un valor, pero ¿qué es al lado de los mayores dones intelectuales, de los valores morales o religiosos? Los genios con un aspecto lamentable desde una perspectiva vital han despertado a menudo el entusiasmo de la gente; y muchas veces, hombres insignificantes, frágiles y enclenques desde un punto de vista vital han sido grandes mentes. Cuando alguien ha contado con grandes capacidades intelectuales pese a sus deficiencias en la esfera vital, la gente ha percibido la espléndida victoria del espíritu que han encarnado. Ejemplo de ello podrían ser Kant y el príncipe Eugenio, quien —como todo el mundo sabe— era físicamente deforme.

Tanto el materialismo económico, en el que todos los valores espirituales son únicamente el medio para un fin, como el materialismo racial, que idoliza la esfera vital, rompen por principio con esta primacía evidente del espíritu. Las leyes que regulan la esterilización y el matrimonio en el Tercer Reich y, sobre todo, su doctrina racial —que reduce a la persona espiritual individual a un mero producto de la raza— son expresiones claras de la ruptura radical con esa piedra angular de la cultura occidental cristiana.

Un cuarto factor —y quizá el más decisivo— guarda relación con este último punto. Desde el Renacimiento, varias teorías liberales han privado a la persona humana, imagen de Dios, de su auténtica dignidad. Primero se le negó la inmortalidad, luego la libertad y después la capacidad de dar respuestas importantes y deliberadas. Para alguno, el ser humano ha sido un haz de sensaciones sin importancia; para otros, un animal más desarrollado. Las consecuencias prácticas de esta degradación de la persona no se llegaron a extraer nunca. Se conservaba cierto respeto a la dignidad de la persona, a sus derechos inalienables y a su libertad de opinión, aunque en realidad estos son supuestos lógicos del concepto cristiano de la persona humana.

Han sido el bolchevismo y el nacionalsocialismo los encargados de extraer las consecuencias últimas de esta degradación de la persona humana y de desarrollar un antipersonalismo radicalmente opuesto al cristianismo. Aquí el tema esencial no es si la persona se considera un simple medio para el Estado, la nación, la comunidad racial o un colectivo económico. Lo decisivo *es* el colectivismo que subordina la persona en su verdadero ser y valor a una comunidad natural. Según la concepción cristiana, todo ser humano tiene un alma inmortal destinada a ser vaso de gracia y a gozar de la comunión eterna con Dios, lo que le hace poseer un valor superior a cualquier otra cosa de este mundo. La importancia del destino de los

Estados, las naciones y los pueblos es incomparablemente inferior a la de la salvación eterna de una sola alma inmortal.

Es sobre todo en este punto —en la postura que se adopte frente al individuo— donde se dividen los pensadores. Cualquiera que defienda ese antipersonalismo ha extraído la última consecuencia de su ruptura con el cristianismo para unirse a los enemigos irreconciliables de la cultura occidental cristiana. Cualquiera que siga conservando un respeto genuino a la persona individual se inspira, aunque sea inconscientemente, en el pensamiento cristiano.

La actitud hacia los pobres, los enfermos y los débiles está estrechamente relacionada con esto. «Cuanto hicisteis a uno de estos mis hermanos más pequeños, a mí me lo hicisteis» (Mt 25, 40). La moral nacionalsocialista de la raza superior considera a los enfermos y a los débiles «productos con tara» que representan una carga pesada para la sociedad humana. El «*ethos* del héroe» del nacionalsocialismo y el *ethos* del Sermón de la Montaña constituyen una antítesis radical. Todo intento de conciliarlos de una u otra manera es vano hay que elegir entre uno de estos dos mundos separados por un abismo insalvable.

Si tomamos como punto de partida estas antítesis filosóficas fundamentales de la crisis política, social y cultural contemporánea, queda patente que la verdadera demarcación de los frentes resulta muy distinta de la que nos quiere hacer creer el congreso de Nuremberg del Partido Nacionalsocialista. Puede que los intereses meramente políticos y las reflexiones exclusivamente estratégicas lleven a la formación de determinados grupos, pero los frentes basados en visiones del mundo —que, a la larga, demuestran ser decisivas también en el campo político— se dividen básicamente en virtud de si representan una ruptura radical con la totalidad de la cultura occidental cristiana o de si se adhieren a ella, al menos en sus principios fundamentales.

La distinción ideológica entre el bolchevismo y el nacionalsocialismo no es tan grande, pese a la violenta y mutua animadversión política que los enfrenta, cuyas raíces son totalmente diferentes. Hay quien puede querer hacer del bolchevismo su aliado y hay quien puede querer aliarse con el nacionalsocialismo, pero al católico lo separa de ambos un abismo insalvable. No puede elegir entre ellos, porque ambos están esencialmente unidos en los puntos cruciales que los alejan en esencia del cristianismo. Todo lo que puede hacer es rechazar ambos y apuntar hacia Cristo y hacia los fundamentos de la cultura occidental cristiana, los únicos que constituyen su verdadera antítesis. Debe ver ambas ideologías como dos enemigos de Cristo igualmente peligrosos e irreconciliables.

ESTE LIBRO, PUBLICADO POR
EDICIONES RIALP, S.A.,
MANUEL URIBE 13-15, 28033 MADRID,
SE TERMINÓ DE IMPRIMIR EN
ANZOS, S. L., FUENLABRADA (MADRID),
EL DÍA 30 DE JULIO DE 2024.